POLYGLOTT on tour

Brasilien

Der Autor

Robin Daniel Frommer

ist als Reisejournalist und Fotograf für zahlreiche Tageszeitungen und Zeitschriften tätig. Brasilien gefiel ihm auf Anhieb so gut, dass es seine zweite Heimat wurde.
Er arbeitete auch am Polyglott APA Guide Brasilien mit.

Das System der POLYGLOTT Sterne

Auf Ihrer Reise weisen Ihnen die Polyglott-Sterne den Weg zu den bedeutendsten Sehenswürdigkeiten aus Natur und Kultur. Für die Vergabe orientieren sich Autoren und Redaktion am UNESCO-Welterbe.
*** eine Reise wert ** einen Umweg wert * sehr sehenswert

Unsere Preissymbole bedeuten:

Hotel (DZ)		Restaurant (Menü)	
●●●	über 200 €	●●●	über 30 €
●●	80 bis 200 €	●●	15 bis 30 €
●	bis 79 €	●	bis 15 €

Wechselkurs (Stand: März 2012):

1 €	2,27 Reais	1 CHF	1,88 Reais
1 Real (BRL)	0,44 €	1 Real (BRL)	0,53 CHF

Reiseplanung

Land & Leute

Unterwegs in Brasilien

Zwischen Recife und Fortaleza reihen sich palmengesäumte tropische Traumstrände. Traumhaft schön ist auch Olinda, in dessen Kirchen es Perlen der Barockkunst zu entdecken gilt.

Zwischen der pulsierenden Hafenstadt Belém und der Kautschuk-Metropole Manaus erstreckt sich das größte Feuchtgebiet der Erde: Am Amazonas kann man tropischen Regenwald und grandiose Flusslandschaften erleben.

Von Oscar Niemeyers faszinierender Retortenstadt Brasília geht es hinaus in die abwechslungsreiche Landschaft des Pantanal. In dem riesigen Überschwemmungsgebiet findet man Flüsse und Seen, aber auch Savannen, Sümpfe und tropische Wälder.

Die Städte im subtropischen Süden sind geprägt von den europäischen Auswanderern. So feiert man in Blumenau das Oktoberfest bei Sambarhythmen. Ein überwältigendes Naturschauspiel bietet sich an den Wasserfällen des Rio Iguaçu..

Echt gut!

Karten

Reiseplanung

Die Reiseregionen im Überblick][Die schönsten Touren][Klima und Reisezeit][Anreise][Reisen in Brasilien][Unterwegs mit Kindern][Sport und Aktivitäten][Unterkunft

Die Reiseregionen im Überblick

Brasilien ist zweifelsfrei eine Destination für erfahrene Weltenbummler, schon aufgrund der kontinentalen Größe des Landes und wegen den entsprechend großen Entfernungen zwischen den touristisch interessanten Zielen. Pulsierende Millionenstädte prägen Brasilien ebenso wie große, weite Landschaften, die meist extrem dünn besiedelt sind.

Schaufenster und die von Touristen meistbesuchte Stadt Brasiliens ist **Rio de Janeiro**, die Zuckerhut-Metropole zählt aufgrund der bis ins Stadtzentrum reichenden tropischen Vegetation und der spektakulär zum Meer gewandten Gebirgslandschaft schlicht zu den schönsten Metropolen der Erde. Breite Sandstrände umgeben die Stadt, nicht von ungefähr bedeutet deshalb urbanes Leben in Rio für eine große Schar internationaler Gäste immer automatisch, am typisch brasilianischen Strandleben teilzuhaben.

Salvador da Bahia, die altehrwürdige, erste Hauptstadt Brasiliens, besitzt das größte zusammenhängende Altstadtensemble in barockem

Die historische Oberstadt Pelourinho von Salvador da Bahia zählt zum Weltkulturerbe der UNESCO

Baustil. Die überwiegende Mehrheit der Bevölkerung der Stadt hat westafrikanische Wurzeln. Das Zusammentreffen südeuropäischer Architektur und einer mehrheitlich aus Afrika stammenden Bevölkerung machen **Salvador und Bahia** zum spannenden Schmelztiegel unterschiedlichster kultureller Einflüsse, anders gesagt: In den barocken Mauern Salvadors können Reisende bestens nachvollziehen, wie aus einer portugiesischen Überseebesitzung und aus einem Cocktail europäischer, indianischer und vor allem westafrikanischer Einflüsse etwas ganz Neues, etwas Südamerikanisches wuchs – oder kurz: wie Brasilien entstand. An Bahias Küste lässt sich eine Vielzahl feinsandiger Badestrände erschließen, und im Hinterland warten kleine Barockstädtchen und Nationalparks auf die Besucher.

Der **Südosten** besteht aus den Bundestaaten São Paulo, Rio de Janeiro und Minas Gerais und ist die mit Abstand am dichtesten besiedelte Region innerhalb Brasiliens. Die moderne Megalopolis São Paulo ist Brasiliens wirtschaftliche und kulturelle Schaltzentrale. Daneben besitzt der Südosten mit Minas Gerais eine kulturell und architektonisch interessante Gebirgsregion, deren Barockstädte, Minen, Klöster, Wallfahrtskirchen und Bahnstrecken jede Brasilienreise ungemein bereichern. Ein Besuch von Belo Horizonte lohnt sich schon deshalb, weil die Provinzhauptstadt von Minas Gerais die erste am Reißbrett entworfene Großstadt Brasiliens war.

Naturerlebnis im Bundesstaat São Paulo: Jeder Aufenthalt auf dem vor São Sebastião gelegenen Tropen-Eiland Ilha Bela begeistert durch die urwüchsige Flora und herrliche Strände.

Der **Nordosten** schließt neben Bahia acht weitere Bundesstaaten ein. Bei der Auswahl der in diesem Buch vorgestellten Ziele in dieser Region war neben der UNESCO-Liste des schützenswerten Kulturerbes vor allem die Erreichbarkeit mit Direktflügen aus Europa ausschlaggebend: Die Hafenstädte Salvador, Recife, Natal und Fortaleza sind die Zugangstore zu jenem Landesteil, der die meisten Sonnentage im Jahr vorweisen kann. Hier findet der Besucher einen dicht besiedelten, aber nur wenige Kilometer schmalen Streifen tropischer Küste mit Puderzuckerstränden, die zu den schönsten des Landes zählen. Dahinter folgt eine traditionell von Landwirtschaft bestimmte Region und im Landesinnern das halbwüstenartige Dürregebiet des Sertão.

Der **Amazonas** ist die Lebensader des brasilianischen Nordens. Der mächtige Strom war und ist der einzige Zugang in diese aus Regenwald und Mäandern bestehende Welt. Er ist Wasserstraße und traditioneller Handelsweg, denn Fernstraßen gibt es in dieser Region kaum. Amazonasreisen lohnen wegen der beeindruckenden Landschaft mit einem einzigartigen Ökosystem, die sich per Flusskreuzfahrt bequem entdecken lässt. Großstädte gibt es nur wenige, doch Manaus und sein Teatro Amazonas müssen unbedingt besichtigt werden.

Durch den brasilianischen **Westen** verläuft die Pionierfront Brasiliens. Seine größte Stadt, die Retortenresidenz Brasília, wurde erst 1960 direkt vom Reißbrett in die Hochebene Planalto Central gestemmt und schon wenige Jahre später von der UNESCO zum Erbe der Menschheit erklärt. Landschaftliches Highlight dieser Region ist die Schwemmlandebene des mehr als 230 000 km² großen Pantanal, das wegen seines beeindruckenden Tierreichtums auch als »Arche Noah Südamerikas« bezeichnet wird. Hier zu reisen erfordert etwas Abenteuerlust, denn die Fortbewegung ist mühsam und der Aufenthalt in den Pousadas natürlich etwas schlichter als in den touristischen Zentren.

Das subtropische **Südbrasilien** unterscheidet sich deutlich vom Rest des Landes. Viele Einwohner und die kleinbäuerlichen Strukturen der drei Bundesstaaten Rio Grande do Sul, Santa Catarina und Paraná haben ihre Wurzeln in Deutschland oder Italien. Alpine Architektur im Mittelgebirge Serra Gaúcha, ukrainische, italienische, deutsche und polnische Einflüsse in Paraná und die deutschsprachigen Gemeinden Blumenau und Pomerode in Santa Catarina sowie italienisch geprägte Weinbauorte in Rio Grande do Sul machen es gerade den europäischen Reisenden besonders leicht, sich hier rasch wie zu Hause zu fühlen. Ein besonderes Erlebnis ist der Besuch der Wasserfälle von Iguaçu, die viermal breiter sind als die berühmteren Niagara-Fälle.

Rinderherden prägen das Bild in der endlosen Savanne des Mittelwestens

Die schönsten Touren

Bunte Vielfalt in drei Wochen

1 Rio › Foz do Iguaçu › Manaus › Natal › Salvador da Bahia

Distanzen

Rio › Foz do Iguaçu ca. 3 Std. Flugzeit; **Foz do Iguaçu › Manaus** Umsteigeverbindung: ca. 2,5 Std. Flugzeit bis São Paulo, dann 4 Std. Flugzeit bis Manaus; **Manaus › Natal** Umsteigeverbindung: ca. 5 Std. Flugzeit bis Brasília, dann 2 Std. Flugzeit bis Natal; **Natal › Salvador** ca. 2,5 Std. Flugzeit

Verkehrsmittel

Wer in möglichst kurzer Zeit möglichst viel unterschiedliche Eindrücke in Brasilien sammeln will, hat zu Flugverbindungen in der Regel keine Alternative. Das dichteste Streckennetz innerhalb des Landes unterhalten die beiden brasilianischen Fluglinien TAM (www.tamairlines.com) und GOL (www.voegol.com.br). Reisebüros in Europa können Tickets der TAM ausstellen, Flüge der GOL lassen sich derzeit nur via Internet buchen. Die Anfangs- und Endpunkte der Tour lassen sich mit einem Gabelflug der Fluglinie TAP Portugal (www.flytap.com) von Europa aus ansteuern.

Keine klassische Brasilienreise kommt an **Rio de Janeiro** › S. 42 vorbei, für das man drei bis fünf Tage einplanen sollte. Wenigstens den ****Corcovado**, den ****Zuckerhut** sowie die weltberühmten Strände von Copacabana und Ipanema sollte man gesehen haben, um eine Ahnung vom landschaftlichen Reiz und dem relaxten Lebensrhythmus der Millionenstadt zu erhaschen. Nächster Stopp ist *****Foz do Iguaçu** › S. 136, wo im Nationalpark das beeindruckende Naturschauspiel der Wasserfälle wartet. Am nächsten Tag geht es weiter ins Amazonasbecken. Im Zentrum von **Manaus** › S. 115 zieht das Opernhaus **Teatro Amazonas alle Blicke auf sich. Hier sollte man die Chance nutzen und zu einem mehrtägigen Besuch einer **Urwald-Lodge** › S. 114 am Rio Negro aufbrechen. Als nächstes landet der Flieger in **Natal** › S. 98. Neben klassischem Strandleben bietet sich hier die Gelegenheit zum Erkunden der grandiosen Wanderdünen – per Dromedar, zu Fuß oder mit einer Buggytour › S. 92. Das barocke ***Pelourinho-Viertel **Salvadors** › S. 76 setzt den finalen Höhepunkt dieser Brasilienrundreise.

Küstenstraße Rio – Santos

2 Rio › Mangaratiba › Ilha Grande › Angra dos Reis › Parati › Ubatuba › São Sebastião › Ilhabela › Santos

Distanzen

Rio › Mangaratiba ca. 3 Std.; **Mangaratiba › Ilha Grande** ca. 1 Std.; **Mangaratiba › Angra dos Reis** ca. 1,5 Std.; **Angra dos Reis › Parati** ca. 3 Std.; **Parati › Ubatuba** ca. 2 Std.; **Ubatuba › São Sebastião** ca. 2 Std.; **São Sebastião › Ilhabella** ca. 30 Min.; **São Sebastião › Santos** ca. 2,5 Std.

Verkehrsmittel

Die alte Küstenstraße Rio – Santos (BR-101) zählt zu den schönsten Strecken, die Brasilien für Selbstfahrer zu bieten hat. Aufgrund der sowohl im Großraum São Paulo als auch in Rio de Janeiro ähnlich hohen Nachfrage nach Leihwagen für diese Einwegstrecke (450 km), bietet sie außerdem den Vorteil, dass man (nur) hier keine Rückführungsgebühren bezahlen muss. Zur Vorsicht sollte man sich dies aber immer vor der Anmietung bestätigen lassen.

Die Autofähre zum, vor São Sebastião gelegenen, Eiland Ilhabela sollte man telefonisch reservieren (DERSA, Tel. (012) 3892-1576 in São Sebastião und Tel. (012) 3896 9200 in Ilhabela, 0800-55510 Gratis-Infonummer). An Festtagen lässt man den Wagen besser auf dem Festland zurück; alle Fährpreise sind Fr–So ca. 1/3 teurer.

Die Küstenstraße Rio – Santos folgt dem Verlauf der tropischen Atlantikküste Costa Verde. Auf dem Weg nach Mangaratiba kann man schon bei den Sandstränden **Prainha** oder **Grumari** einen Badestopp einlegen. Die unter Naturschutz stehende, vier Kilometer lange Bucht von Grumari verfügt sowohl über Schatten spendende Bäume als auch über Parkplätze und Strandbars für einen Mittagsimbiss. Weiter geht es nach **Mangaratiba**. Von dort legen Boote zur ***Ilha Grande** › S. 59 ab. Wer die Zeit hat, kann auf dieser ursprünglichen Insel ein paar herrliche Robinsontage verbringen. Zurück auf dem Festland geht es weiter nach **Angra dos Reis,** ein reizvolles Küstenstädtchen mit guter touristischer Infrastruktur. Das architektonische Highlight entlang der Strecke nach Santos ist das unter Denkmalschutz stehende Kolonialstädtchen ***Parati** › S. 59. Zwei Übernachtungen sollte man hier mindestens einplanen, um die Atmosphäre dieses beliebten Urlaubsortes aufzusaugen. Taucher und Schnorchler finden die schönsten Buchten vor **Ubatuba,** in dessen Umgebung gut 70 Badestände zum Verweilen einladen. Von **São Sebas-**

Rios Schokoladenseite: der Zuckerhut und die Bucht von Botafogo

tião › S. 70 geht es anschließend per Autofähre auf die Insel **Ilhabela** › S. 70. Im Grunde kann man die nur 336 km² große Ilhabela in vier Tagen erkunden, aber wer sich erst einmal auf dem paradiesischen Inselchen einquartiert hat, wird die Weiterfahrt ins 125 km entfernte **Santos** › S. 70 ganz sicher aufschieben!

Touren in den Regionen

Touren in der Region	Region	Dauer	Seite
Spektakuläre Aussichtspunkte	Rio de Janeiro	1 Tag	43
Kultureller Streifzug durch Rio	Rio de Janeiro	1–2 Tage	45
Costa do Sol und Búzios	Rio de Janeiro	2 Tage	46
Highlights des Tropenbarocks	Südosten	4 Tage	62
Bahias Nordküste	Bahia	3–4 Tage	73
Das Hinterland	Bahia	3–4 Tage	74
Buggyfahrt am Litoral Sul	Der Nordosten	2 Tage	92
Amazonas Kreuzfahrt	Am Amazonas	5–6 Tage	103
Rustikale Inselfreuden	Am Amazonas	3–5 Tage	105
Estrada Parque do Pantanal	Der Westen	3–4 Tage	119
Rota Romântica	Der Süden	3–5 Tage	126
Rota das Missões	Der Süden	3–5 Tage	128

Klima und Reisezeit

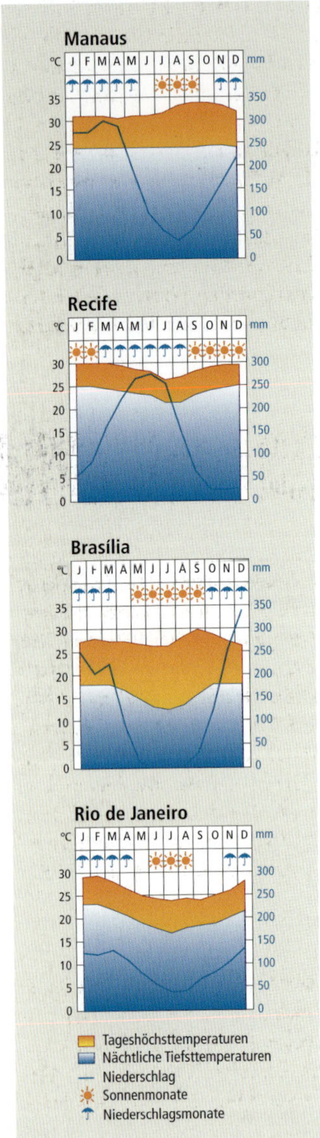

Brasilien ist eine Ganzjahresdestination. Die mit Abstand meisten Sonnen- und Badetage verzeichnet der Nordosten. Der Hochsommer fällt in den Zeitraum von Dezember bis Februar, was entlang der Küste zwischen Weihnachten und Karneval zu den höchsten Tagestemperaturen führt. Doch auch während des milden Winters, von Juni bis August, sind die Luft- und Wassertemperaturen, zumindest aus Sicht mitteleuropäischer Besucher, geradezu einladend warm; einzige Ausnahme ist der subtropische Süden des Landes, hier kann es bis einschließlich September recht kühl werden.

Die niederschlagsreichste Region ist das Amazonasbecken, nachdem die Sonne ihren höchsten Stand erreicht hat, regnet es hier meist täglich, kurz und heftig. Ganzjährig herrschen hier tropische Tageshöchsttemperaturen um 30°C bei einer sehr hohen Luftfeuchtigkeit von über 80 %, was vor allem älteren Menschen zu schaffen machen kann.

! Den zentralbrasilianischen Westen kennzeichnet ein extremer Wechsel zwischen Trocken- und Regenzeit. Gerade für Reisen ins – zwischen Ende Dezember und Mitte März weiträumig überflutete – Sumpfland des Pantanal sollte dies bei der Reiseplanung entsprechende Berücksichtigung finden.

Anreise

Zahlreiche Airlines fliegen nach São Paulo oder Rio de Janeiro. Jets von Lufthansa und TAM (www.tamairlines.com) pendeln täglich nonstop auf der Strecke Frankfurt – São Paulo und Frankfurt – Rio den Janeiro, Lufthansa auch zwischen München und São Paulo; Maschinen der Condor fliegen nach Salvador und Recife, ebenfalls ab Frankfurt und nonstop. Die mit Abstand meisten Verbindungen zwischen Brasilien und Europa werden seit geraumer Zeit von TAP Portugal (www.flytap.com) bedient; via Lissabon werden Fortaleza, Recife, Rio de Janeiro, Salvador, Porto Alegre und São Paulo (täglich), Brasília (6x wöchentlich) sowie Belo Horizonte und Natal (5x wöchentlich) nonstop angeflogen. Dies eröffnet zahlreiche Möglichkeiten für Gabelflüge; TAP ist Mitglied der Star Alliance (www.staralliance.com) und Codeshare-Partner von Lufthansa und TAM.

Reisen im Land

Mit dem Flugzeug

Wer innerhalb Brasiliens per Flugzeug weiterreisen möchte (und seinen Wohnsitz außerhalb Brasiliens hat), kann bis zu neun Strecken in der Economy-Class mit einem TAM Brazil Airpass im Voraus buchen. Für Passagiere, die den Atlantik mit der Fluggesellschaft TAM überquert haben, kostet dieses bis zu 30 Tage gültige Ticket in der Basisversion mit ein bis vier Streckencoupons derzeit ab 532 USD. Fluggäste anderer Linien, die durch ein Interline-Abkommen mit TAM verbunden sind, zahlen ab 582 USD plus Steuern und Sicherheitszuschlag. Jedes Umsteigen erfordert einen Coupon. Maximal fünf weitere Coupons können zusätzlich gekauft werden. Eine Alternative sind Inlandsflüge und die Airpass-Angebote der Fluglinie GOL (www.voegol.com.br), die u. a. im Internet angeboten werden.

Mit dem Bus

Fernbusse, insbesondere die mit Liegesitzen ausgestatteten »Leito«- und »Semi-Leito«-Nachtbusse, sind in Brasilien meist weit komfortabler als in Europa. Sie verkehren zwischen allen größeren Städten des Landes und kosten in der Regel etwa 1/5 des vergleichbaren Flugs. Insbesondere im Süden Brasiliens sind sie eine durchaus erwägenswerte Alternative zum Flugzeug.

! Busse des öffentlichen Nahverkehrs sind weit weniger komfortabel und nicht alle Linien sind in allen Vierteln auch tatsächlich sicher. Zu Ihrer Sicherheit sollten Sie unbedingt an der Hotelrezeption oder bei der Reiseleitung Auskünfte einholen, welche Linien von Touristen benutzt oder gemieden werden sollten.

Mit dem Taxi

In den Großstädten gibt es unterschiedliche Kategorien von Taxis. Für die Fahrt zwischen Flughafen und Hotel empfehlen sich die Rádio-Taxis, die zu einem einheitlich festgelegten, vorab zu bezahlenden Festpreis fahren.

Gewöhnliche Taxen können per Handzeichen gestoppt werden und sind mit einem Taxameter ausgestattet. Montags bis freitags wird tagsüber der einfache Tarif *(bandeira um)* berechnet; an Wochenenden, Feiertagen und abends – zu einer von Ort zu Ort unterschiedlichen Uhrzeit – kommt der deutlich höhere Tarif *bandeira dois* zur Anwendung. Im Rahmen von selbstorganisierten Stadtbesichtigungen kann es sinnvoll sein, ein Taxi zu einer Tagespauschale (ca. 100 USD) anzumieten. Der Portier ihrer Hotelrezeption kennt immer einen vertrauenswürdigen Taxifahrer (»um motorista da alta confiança«).

Mit Zug, Metro oder U-Bahn

Züge spielen für Fernreisen innerhalb Brasiliens keine nennenswerte Rolle mehr. Stadtbahn, Metro oder U-Bahn gibt es in mehreren brasilianischen Großstädten. In Recife und Rio de Janeiro gelten sie als besonders sauber, zuverlässig und sicher.

Mit dem Mietwagen

Neben einem internationalen Führerschein ist für ihre Anmietung eine Kreditkarte erforderlich. Meist müssen die Mietwägen am Ausgangspunkt zurückgegeben werden, da sonst erhebliche Gebühren für ihre Rückführung anfallen. Es kann (z.B. bei fehlenden Portugiesischkenntnissen) von Vorteil sein, ein Mietfahrzeug schon vor der Abreise über eine international tätige Leihfirma oder über den Reiseveranstalter zu buchen.

Meist gar nicht (oder, wenn überhaupt, nur mit Fahrer) werden hingegen Geländefahrzeuge angeboten. Das bedeutet insbesondere in Westbrasilien eine erhebliche Einschränkung, da normale Straßenfahrzeuge weder für die touristisch reizvolle *Transpantaneira* noch für die *Estrada Parque Pantanal* › S. 119 geeignet sind.

! Größte Vorsicht ist bei Hinweisschildern zu *quebra molas* oder *lombadas* geboten, die vor massiven Fahrbahnschwellen warnen. Wer mit unverminderter Geschwindigkeit weiterfährt, riskiert einen Achsbruch. Bei Alkohol oder Drogen am Steuer drohen hohe Strafen.

Special

Unterwegs mit Kindern

Nahezu alle Brasilianer und Brasilianerinnen sind ausgesprochen kinderfreundlich und hilfsbereit. Da jedoch für den Besuch von Amazonas und Westbrasilien eine Impfung gegen Gelbfieber notwendig ist und bei Reisen in den Norden des Landes zudem Vorsorge gegen Malaria getroffen werden sollten, bietet sich für Familien mit kleinen Kindern primär ein Aufenthalt an der brasilianischen Atlantikküste an.

Am Strand

Brasiliens Küste ist gut 7400 km lang und verfügt über mehr als 2200 Badebuchten. Alleine bei und nördlich von **Salvador da Bahia** › S. 76 gibt es mit den Sandstränden von Porto da Barra › S. 84 (7 km vom Zentrum entfernt), Itapuã › S. 84 (20 km), Villas (35 km), Jauá (45 km), Guarajuba (60 km) und Imbassaí › S. 86 (85 km) mehrere Strände, die sich auch für kleinere Kinder bestens eignen. Entweder verfügen die Strände über Schatten spendende Bäume oder, vor den teils mit Duschen ausgestatteten Strandbars, über einen ganzen Wald aus farbenfrohen Sonnenschirmen. Der dem Atlantik zugewandte Teil des von Dünen gesäumten Strands von Imbassaí besitzt zwar eine starke Meeresströmung, aber die zur Mündung des Rio Barroso reichende Seite fällt flach ab, hat kaum Wellengang und kann zum gefahrlosen Plantschen oder zum Kajakfahren genutzt werden.

Im Bergland

Das brasilianische Hinterland mit der Gebirgsregion **Minas Gerais** › S. 62 verfügt über eine ganze Reihe von Attraktionen, die das Herz so manchen Dreikäsehochs höher schlagen lassen: Ländlich

rustikale Restaurants, wie beispielsweise das **Solar do Engenho**, die neben kindgerechten Attraktionen einen Angelsee und Ponyreiten anbieten, historische Goldminen, wie die **Mina de Ouro da Passagem**, in deren Stollen man wie ein waschechter Bergmann mit einer Standseilbahn einfahren kann oder mehrere historische Dampfeisenbahnen, wie den zwischen Ouro Preto und Mariana pendelnde Nostalgie-Zug **Trem da Vale** (Fr–So).

■ Solar do Engenho
An der BR-040, Km 479
Sete Lagoas][Minas Gerais
Tel. (031) 3773-9012
www.solardoengenho.com.br

■ Mina de Ouro da Passagem
Rua Eugenio E. Rapallo 192][Mariana
Tel. (031) 3557-5000
www.minasdapassagem.com.br

■ Trem da Vale
Abfahrt Bahnhof Ouro Petro:
Ouro Petro][Praça Cesário Alvim
Tel. (031) 3551-7705
www.tremdavale.org

Themenparks

Familien finden im Umkreis von São Paulo und im Bundesstaat Santa Catarina mehrere Themenparks, die über Attraktionen für fast alle Altersgruppen verfügen. Recht vielfältig gestaltet sind beispielsweise die **Beto Carrero World** in Penha, Santa Catarina, die mit zahlreichen Fahrgeschäften aufwarten kann, das **Playcenter** in São Paulo und der eher für Teenanger als für Kinder geeignete Freizeitpark **Hopi Hari** in Vinhedo. Bei brasilianischen Kindern steht der mit Sommerrodelbahn, Klettergarten, Minigolf, Reitstall, Sessellift und Kunststoffskipiste ausgestattete **Ski Mountain Park** hoch im Kurs.

■ Beto Carrero World
Rua Inácio Francisco de Souza 1597
Praia de Armação][Penha
Santa Catarina][Tel. (047) 3261-2222
www.betocarrero.com.br
Fr–So 8.30–19 Uhr, Juli, Nov.–Feb. tgl.

■ Playcenter
Rua José Gomes Falcão 20
Barra Funda][São Paulo
Tel. (011) 2244-7529
www.playcenter.com.br
Mo–Sa 9–18, Feiertage 9–15 Uhr,
im Sommer bis 21 Uhr.

■ Hopi Hari
Rodovia dos Bandeirantes, Km 72
bei Vinhedo][35 Min. von São Paulo
Tel. (0800) 9 40 46 74 (innerbrasilisch)
www.hopihari.com.br
Mi–So 10–20 Uhr

■ Ski Mountain Park
São Roque][54 km von São Paulo
Tel. (011) 4712-3299
www.skipark.com.br
Sa, So und Fei 10–18 Uhr

Sport und Aktivitäten

Strand- und Wassersport

Am Strand wird **Fußball** von den Einheimischen barfüßig gespielt – unter der Flutlichtanlage der Copacabana oft bis spät in die Nacht. Wo keine Felder markiert sind, genügen auch schon mal zwei Kokosnüsse als Torpfosten. In den letzten Jahren ist an den brasilianischen Badestränden außerdem **Beach-Volleyball** populär geworden. Einige Strände in Santa Catarina › S. 133 sind wegen ihrer bis zu 4 m hohen Wellen zu Treffpunkten der internationalen Surfergemeinde geworden. Jericoacoara › S. 101 in Ceará gilt als Hochburg der **Wind- und Kitesurfer**. Die **Tauchgründe** mit der – mit deutlichem Abstand – besten Sicht unter Wasser liegen vor den Badebuchten der Atlantikinsel Fernando de Noronha › S. 98. Das Eiland verfügt mit Atlantis Divers auch über die landesweit einzige mit einer Dekompressionskammer ausgestattete PADI-Tauchschule.

■ **Atlantis Divers**

Fernando de Noronha › S. 98][Tel. (081) 3619-1371
www.atlantisnoronha.com.br][Reservierung in Natal: Tel. (084) 3206-8840.
Die größte PADI-Tauchschule Brasiliens organisiert Tauchkurse im National Marine Park bei Fernando de Noronha.

■ **Open Winds**

Ilha de Santa Catarina › S. 133][Tel. (048) 9962-3778][www.openwinds.com.br.
Dieser Veranstalter bietet im Bundesstaat Santa Catarina Kitesurfkurse an.

Capoeira

Den heute bei jungen Menschen aller Rassen und sozialen Schichten populären Sport entwickelten westafrikanische Leibeigene während der Sklavenzeit – als Tanz getarnte waffenlose Kunst der Selbstverteidigung. Der Abschaffung der Sklaverei 1888 folgte zunächst ein Verbot der Capoeira und erst 40 Jahre später konnte in Salvador die erste Capoeira-Schule eröffnet werden. Bis heute ist der Kampftanz ein wichtiger Bestandteil der afrobrasilianischen Kultur Bahias und aus dem ohnehin facettenreichen Straßenbild Salvadors kaum wegzudenken. Allerdings verstehen ernsthafte Capoeiristas ihren Kampftanz keineswegs als Touristenattraktion und akzeptieren Kameras meist nur nach Entrichtung eines kleinen Obolus.

Associação de Capoeira Mestre Bimba

Rua das Laranjeiras 1][Tel. (071) 3322-0639
www.capoeiramestrebimba.com.br
Die Schule veranstaltet offene Capoeira-Kurse für internationale Besucher der »Capoeira Regional« in Salvador.

Drachen- und Gleitschirmfliegen

Drachenflug und Gleitschirm fliegen wird auf der ganzen Welt praktiziert. Das Schweben ohne Motor ist aber nur an wenigen Orten zu einer Touristenattraktion geworden. Selbst in Brasilien gibt es nur eine Startrampe, die von Urlaubern ganz gezielt aufgesucht wird: Sie liegt knapp unterhalb des Granitgipfels der »Pedra Bonita«, im tropischen Grün von Rio de Janeiros Tijuca-Wald. Das Einzigartige daran? Nur der Start von hier garantiert den **atemberaubenden Vogelperspektiven-Blick auf Rio de Janeiro.** Der Tandemflug endet mit einer sanften Landung am Sandstrand von São Conrado.

Echt gut!

Airadventures

Rio de Janeiro][Tel. (021) 2422-2411 und 9843-9006][www.riohanggliding.com

Tandemflüge mit erfahrenen Piloten inkl. Transfer vom/zum Hotel. Der Drachenflugtrainer Konrad Heilmann spricht Deutsch.

Unterkunft

Das Spektrum der *apartamentos* (Zimmer, Wohnungen) reicht von der *suite presidencial* bis zum Mehrpersonenraum lokaler Hängematten-*pousadas*. Doch eines trifft alle Gäste gleich: die tropische Hitze. Einzig eine Meeresbrise, eine regulierbare Klimaanlage oder der Notbehelf eines surrenden Ventilators schaffen erholsame Nachtstunden.

Preise

Die Übernachtungspreise richten sich nach Saison, Personenzahl und Aufenthaltsdauer. Unter *diária* ist der ausgeschriebene Übernachtungspreis mit Frühstück *(café da manha)* zu verstehen. Für Strandresorts und Urlaubshotels bieten Reiseveranstalter oft günstigere Preise an, als man sie bei individueller Buchung zu erzielen vermag. Nachlässe in der Nebensaison bis zu 20 %, dafür aber auch drastische Steigerungen während Messen oder Events und der Hauptreisezeiten sind üblich. Höchstpreise werden während der Hochsaison verlangt, die Weihnachten, Januar, Karneval und den Ferienmonat Juni umfasst. Zu diesen Zeiten empfehlen sich Reservierungen. Viele Hotels in São Paulo gewähren – verhandlungssicheres Portugiesisch vorausgesetzt – an den Wochenenden Preisnachlässe *(discontinhos)*.

Klassifizierung

Die Plaketten der staatlichen Fremdenverkehrsgesellschaft EMBRATUR am Hoteleingang informieren zunächst nur darüber, dass das Hotel klassifiziert wurde. Die Anzahl der Sterne (* bis *****) ist jedoch kaum mit europäischen Standards vergleichbar. Internationalen Maßstäben entsprechen jedoch die gehobenen Häuser großer Hotelketten.

Die Gäste der teuren und meist luxuriös ausgestatteten **Resorthotels** finden in der Anlage alles, was sie während ihres Urlaubs benötigen. Vom Beautysalon über Sportangebote, Exkursionen und Shopping bis zur abendlichen Liveunterhaltung wird alles geboten, was den Aufenthalt angenehm macht.

Aparthotels vermieten großzügig bemessene und mit Küchenzeilen ausgestattete Apartments. Hiermit ist am besten beraten, wer mit der Familie reist und unabhängig von Restaurants die Verpflegung selbst in die Hand nehmen will.

Boutique-Hotels sind in Brasilien relativ jung und noch nicht in allen Bundesstaaten vertreten. Geografisch gegliederte Infos bietet das Internetportal: www.roteirosdecharme.com.br

Pousadas finden sich in großer Zahl in kleinen Orten am Meer und im Landesinneren. Die meist einfachen und sauberen Häuser liegen oft naturnah bzw. nahe am Ortsgeschehen. Die Unterkünfte mit wenigen Zimmern sind von Familien geführt mit angenehm persönlicher und überschaubarer Atmosphäre.

Jugendherbergen sind in Brasilien meist Franchise-Objekte, daher können Ausstattung, Preise und Publikum sehr unterschiedlich ausfallen.

Echt gut!

Außergewöhnliche Strandhotels

- Das **Sheraton Rio Hotel & Resort** trennt als einziges Hotel der Stadt keine Straße vom Strand; je höher man außerdem in dem Hochhaus wohnt, umso grandioser wird die Aussicht › S. 57.
- Das **Hotel Portobello Resort** in Mangaratiba zählt zu den beliebtesten Ferienzielen der besseren Gesellschaft Rio de Janeiros. Eigener Strand und Safari-Park (Tel. (021) 2789-8000, www.portotel.com.br) › S. 59.
- Eine ganze Palmeninsel haben die Gäste des Resorts **Transamérica Ilha de Comandatuba** praktisch für sich alleine, da die Hotelanlage die Praia da Comandatuba bei Una im Süden Bahias vollständig einnimmt. Das Angebot an Sportarten ist ausgesprochen vielfältig (Tel. (073) 3686-1122, www.transamerica.com.br).
- Als Brasiliens führendes Boutiquehotel wurde das **Kiaroa Eco-Luxury Resort** in den Jahren 2007 und 2008 von World Travel Awards ausgezeichnet. Kinder unter 12 Jahren sind in der aus nur 14 Zimmern und 14 Bungalows bestehenden Anlage aber leider unerwünscht (Praia da Bombaça, Barra Grande, Bahia, Tel. (073) 3258-6213, Res.: (071) 3272-1320, www.kiaroa.com.br).
- Geradezu ein Kinderparadies ist hingegen das **Tivoli Eco Resort**. Animateure kümmern sich so gekonnt um den Nachwuchs der Hotelgäste, dass Sprachbarrieren schlicht weggespielt werden › S. 86.

Land & Leute

Steckbrief][Geschichte im Überblick][
Natur und Umwelt][Die Menschen][
Kunst und Kultur][Feste und
Veranstaltungen][Essen und Trinken

Steckbrief
Brasilien

Hauptstadt: Brasília (2,2 Mio. Einwohner)
Sprache: Portugiesisch
Landesvorwahl: 00 55
Währung: Brasilianische Real; (R$, Plural: Reais)
Zeitzone: vier Zeitzonen (s.u.)

Einwohner: 195 Mio., ca. 23 je km²
Stadt-/Landbevölkerung: 85 % / 15 % (2010)
Bevölkerungswachstum/Jahr: ca. 1,4 %
Lebenserwartung: Männer 68,6 Jahre, Frauen 76,6 Jahre
Fläche: 8,55 Mio. km², 7491 km Küste, 15 700 km Landesgrenze

Mit 8,5 Mio. km² hat das Land kontinentale Größe und nimmt 47 % der Fläche Südamerikas ein. Brasilien ist damit rund 24 mal größer als Deutschland.

Bei Reisen innerhalb Brasiliens sind nicht nur die enormen Distanzen von Bedeutung, sondern auch die Zeitverschiebung in den vier Zeitzonen des Landes:

Fernando de Noronha: MEZ minus 3 Std.;

Norden, Nordosten, Südosten, Südbrasilien: MEZ minus 4 Std.;

Amazonien, Mato Grosso und **Mato Grosso do Sul**: MEZ minus 5 Std.;

Acre und der äußerste **Westen:** MEZ minus 6 Std.

Während der mitteleuropäischen Sommerzeit ist zu den jeweiligen Zeitdifferenzen eine Stunde zu addieren. Die brasilianische Sommerzeit gilt von Mitte Oktober bis Mitte Februar (wird aber in Amazonien und Acre nicht angewandt!), dann ist von der MEZ eine Stunde abzuziehen.

Lage

Brasilien erstreckt sich von 5° 17' nördlicher Breite bis 33° 45' südlicher Breite sowie von 34° 46' bis 74° westlicher Länge. Seine 15 700 km lange Grenze trennt es vom spanischsprachigen Teil Südamerikas. Nachbarstaaten sind alle anderen südamerikanischen Staaten außer Ecuador und Chile.

Politik und Verwaltung

Brasilien ist seit 1988 eine föderative Republik. Das Staatsterritorium gliedert sich in 26 Bundesstaaten und den Bundesdistrikt, der die seit 1960 bezogene Hauptstadt Brasília umgibt. An der Spitze der Republik steht ein in vierjährigem Turnus gewählter Präsident. Seit dem 1.1.2003 wird das Land von Luiz Inácio »Lula« da Silva (geb. 27.10.1945) von der brasilianischen Arbeiterpartei PT (Partido dos Trabalhadores) regiert. Das Zwei-Kammern-Parlament besteht aus der Abgeordnetenkammer mit 513 für vier Jahre gewählten Mitgliedern und dem Senat mit 81 für acht Jahre gewählten Mitgliedern. Auf globaler Ebene tritt das Land zunehmend selbstbewusster auf und bemüht sich u.a. um einen festen Sitz im UN-Sicherheitsrat. Gemeinsam mit Deutschland und Indien brachte es Anfang 2006 einen Resolutionsentwurf zur Erweiterung des Rats von 15 auf 25 Mitglieder ein. Brasilien hat Truppen nach Haïti entsandt, wo es eine UNO-Friedensmission leitet.

Wirtschaft

Brasilien gilt noch als Schwellenland und zählt mit Russland, Indien und China zu den sogenannten BRIC-Staaten, deren Wirtschaft seit geraumer Zeit deutlich schneller wächst, als die der G8-Industriestaaten. Exportweltmeister ist Brasilien bei Eisen, Kaffee und Soja. Neben Rohstoffen exportiert es aber zu mehr als 50 % Güter aus industrieller Fertigung. Seinen Ölbedarf kann das (auch nach der Wirtschaftsleistung) größte Land Südamerikas aus eigener Produktion decken. 2011 rückte es auf Rang 6 der größten Wirtschaftsnationen und liegt sogar vor Großbritannien.

Gehemmt wird das Wachstum hingegen durch Investitionsrückstände im Infrastrukturbereich und die niedrige Sparquote. Stiefkind der brasilianischen Wirtschaft sind traditionell die Löhne: Seit dem 1.1.2010 liegt der Mindestlohn bei 510 Reais (umgerechnet ca. 220 €). Die Schere zwischen Arm und Reich ist nach wie vor sehr groß: Über 35 % der Bevölkerung leben unterhalb der Armutsgrenze.

Sprache und Schrift

Brasilien ist das einzige Land Südamerikas, in dem Portugiesisch gesprochen wird.

Gegenüber dem europäischen Portugiesisch wirkt die durch nationale Eigenheiten und indianische Elemente (v.a. Tupí-Guarani) bereicherte brasilianische Sprachvariante jedoch weicher und leichter; sie wird weniger kehlig gesprochen als in Portugal. Aufgrund der Nähe zu den USA adaptiert Brasilien eine Vielzahl neuer Wörter, was auch Markennamen einschließen kann. Das Wort »Xerox« steht in Brasilien für Fotokopie, fehlt aber bislang in den meisten in Europa aufgelegten Portugiesisch-Wörterbüchern. In Brasilien werden die Buchstaben des lateinischen Alphabets verwandt.

Geschichte im Überblick

8000 v. Chr. Indianische Ureinwohner hinterlassen an der brasilianischen Küste mit Sambaquis – Anhäufungen von Muscheln – erste Spuren.

1492 Kolumbus entdeckt den Seeweg nach Amerika.

1494 Portugal und Spanien streiten um Anteile in der Neuen Welt. Im Vertrag von Tordesillas fällt das noch gar nicht entdeckte Brasilien – durch Schiedsspruch von Papst Alexander VI. – in die portugiesische Einflusszone.

1500 Die Caravellen von Pedro Álvares Cabral erreichen bei Porto Seguro erstmals brasilianischen Boden.

1532 Mit São Vicente bei Santos entsteht die erste europäische Siedlung auf brasilianischem Boden. Der portugiesische König João III. teilt die Kolonie in 15 Capitanias (Provinzen) ein.

1549 Salvador da Bahia wird Brasiliens erste Hauptstadt. Die Jesuiten werden mit der Christianisierung der Indianer beauftragt.

1630 Die niederländische Westindien-Kompanie erobert Pernambuco, später Alagoas und Rio Grande do Norte.

1695 Durch reiche Gold- und Diamantenfunde wird Minas Gerais zum wirtschaftlichen Zentrum Brasiliens.

1727 Francisco de Mello Palheta schmuggelt die ersten Kaffeebohnen nach Brasilien. Noch bestimmt Zucker die Agrarwirtschaft des Landes, aber die Kaffeeplantagen werfen schon bald höhere Erträge ab.

1763 Rio de Janeiro löst Salvador als Hauptstadt Brasiliens ab.

1789 Beginn der Unabhängigkeitsbewegung in Brasilien; in Ouro Preto verschwören sich die Mitglieder der *Inconfidência Mineira* gegen Portugal. Aber die Aufständischen werden verraten und ihr Anführer Tiradentes öffentlich hingerichtet.

1808 Portugals König João VI. und sein 15 000 Personen umfassender Hofstaat flieht mit Geleitschutz der englischen Flotte vor Napoleon nach Brasilien, wo er nun Freihandel erlaubt, Banken, Industrie, Schulen und Universitäten fördert.

1815 Ein Jahr nach der endgültigen Niederlage Napoleons wird Brasilien im Verlauf des Wiener Kongresses als Königreich anerkannt.

1821 König João VI. kehrt nach Lissabon zurück und ernennt seinen Sohn Dom Pedro zum Regenten von Brasilien.

1822 Mit dem legendären Ausruf »Independência ou morte!« (Unabhängigkeit oder Tod) begründet Regent Dom Pedro Brasiliens Unabhängigkeit; noch im gleichen Jahr wird er als Pedro I. zum Kaiser gekrönt.

1831 Dom Pedro I. dankt zugunsten seines erst fünfjährigen

Sohnes Pedro d' Alcântara ab, der schon neun Jahre später zum Kaiser Dom Pedro II. gekrönt wird, da zu dieser Zeit zahlreiche separatistische Aufstände ausbrechen und die Einheit Brasiliens gefährden.

1850 São Paulos Kaffee wird als Exportgut wichtiger als Baumwolle und Zuckerrohr des brasilianischen Nordostens, der allmählich verarmt.

1888 Als letztes Land der Erde beendet Brasilien die Sklavenhaltung.

1889 Kaiser Dom Pedro II. muss auf Druck des Militärs abdanken und geht nach Frankreich ins Exil.

1930–1954 Präsident Getúlio Vargas gelangt auf unterschiedlichen Wegen mehrfach an die Macht. Während seiner Regierung verlieren sich die Trennungslinien zwischen demokratischem und faschistischem Gedankengut. Sein letztes Mandat beendet er durch Selbstmord.

1956–1960 Präsident Juscelino Kubitschek treibt die Entwicklung Brasiliens voran. Gegen Ende seiner Amtszeit wird die neue Hauptstadt Brasília eingeweiht. Galoppierende Staatsverschuldung.

1964 Präsident João Goulart wird vom Militär gestürzt. Intellektuelle, Regimekritiker und viele Künstler gehen ins Exil.

1982 Die Staatsverschuldung führt zur Krise.

1985 Statt des vom Volk gewählten Tancredo Neves – der stirbt bevor er sein Amt antreten kann – wird der von den Militärs zum Vizepräsident bestimmte José Sarney – ohne Plebiszit – zum Präsidenten von Brasilien ernannt.

1990 Gewinner der ersten direkten Präsidentschaftswahlen ist Fernando Collor de Mello. Nur zwei Jahre später wird er wegen passiver Bestechung aus dem Amt gejagt.

1994 Aus den Wahlen geht Fernando Henrique Cardoso als Sieger hervor. Die neue Währung Real bleibt insgesamt stabil.

2000 Brasilien feiert sein 500--jähriges Bestehen. Indianer und Landlose protestieren bei den Feierlichkeiten gemeinsam.

2001 Massenfluchten und blutige Aufstände dokumentieren die Missstände in den brasilianischen Gefängnissen. Brasilianische Pharma-Unternehmen produzieren Aids-Medikamente unter Missachtung der Lizenzgebühren zu Preisen, die auch den Armen eine Therapie ermöglichen.

2007 Brasilien erhält von der FIFA den Zuschlag für die Fußballweltmeisterschaft 2014.

2009 Rio de Janeiro erhält die olympischen Sommerspiele 2016 zugesprochen, die vom 5. bis 21. August 2016 stattfinden werden.

2011 Mit Dilma Rousseff folgt Präsident Lula dessen Kabinettschefin und Vorzugskandidatin ins höchste Amt Brasiliens.

2012 Brasilien ist Partnerland der Computer-Messe CeBit. Der Konsum soll gegenüber dem Vorjahr um 13,5 % ansteigen.

Natur und Umwelt

Brasilien gleicht einem riesigen Kaleidoskop und jeder geografische Großraum ist eine Welt für sich: Landschaft und Struktur der Nordhälfte des Landes werden vom Bergland von Guyana und, vor allem, von den immergrünen Regenwäldern der Amazonassenke geprägt. Wo dieses an Artenvielfalt kaum zu übertreffende Pflanzendickicht intakt geblieben ist, gedeihen wertvolle Nutzpflanzen wie Kautschukbäume (*Hevea brasiliensis*), Açaí-Palmen (*Euterpe edulis*), Kakao- (*Sterculiaceae*), Cashew- (*Anacardium occidentale*) und bis zu 60 m hohe Paranussbäume (Bertholletia excelsa). Zahllose, in den **Amazonas** mündende Wasseradern durchziehen diese tropische Urlandschaft, die nach Süden vom **zentralbrasilianischen Hochland** und nach Westen vom Gebirgsriegel der **Anden** abgeschlossen wird. In einem riesigen Delta ergießen sich die gewaltigen Fluten des Amazonas in den Atlantik und die von ihnen mitgeführten Sedimente ernähren den struppigen Mangrovenbewuchs der Küsten in weitem Umkreis.

Erst außerhalb der Reichweite dieser gigantischen Schlammfracht finden sich großflächige Sandstrände: entlang der regenarmen Küste des brasilianischen **Nordostens** werden sie von hoch aufragenden Dünen und lateritroten Klippen gesäumt. Von den früher weite Teile der Küste säumenden Atlantischen Regenwäldern sind im **Osten** und **Süden** nur winzige Reste übrig geblieben. Siedlungen und extensive Landwirtschaft haben die Regionen nachhaltig verändert: Im Bundesstaat São Paulo, bei Ankunft der ersten Europäer noch zu 90 % von Wald bedeckt, schrumpften die Waldflächen auf ca. 5 %. Araukarienwälder sind selten geworden und im Zuge des immer großflächigeren Anbaus von Soja verschwinden längst auch im **Westen** immer mehr Wälder und Savannen, die brasilianische Agrarindustrie drängt immer näher ans Schwemmland des Pantanal, das für viele Tier- und Pflanzenarten gerade in dieser Hinsicht zur »Arche Noah Südamerikas« geworden ist.

Dennoch ist der Artenreichtum der brasilianischen Tierwelt noch immer einzigartig. Allzu vieles bleibt ungeübten Augen meist verborgen, weil es sich im Kleinen abspielt oder perfekt getarnt ist. Dennoch gibt es nirgends mehr Arten von Wirbeltieren, Amphibien oder Insekten. Kaum ein anderes Land der Erde verfügt über eine vergleichbare Vielfalt an Süßwasserfischen und Vögeln. Vergleichsweise arm ist das Land jedoch an größeren Säugetieren. Raubkatzen, wie Jaguar (*onça*) und Ozelot (*jaguatirica*), führen sogar die Liste der akut vom Aussterben bedrohten Tiere an, selbst Tapir (*anta*) und Halsband-Pekari (*caitetu*) sind inzwischen selten geworden. Affen hört man häufig schon, bevor man sie zu Gesicht bekommt und mit relativ hoher Wahr-

Tief in das Amazonasgebiet eintauchen kann man am besten bei einer Flussfahrt mit anschließendem Aufenthalt in einer Dschungel-Lodge

scheinlichkeit wird man im Norden und Westen Brasiliens auf Ameisenbären (*tamanduá*), Gürtel- (*tatu*) und Faultiere (*preguiça*) stoßen. Der Rückgang ihres Lebensraums, die Brandrodung von Primärwäldern, Feucht- und Trockensavannen hat, gerade unter der gegenwärtigen Regierung, leider wieder das erschreckende Tempo der späten 1980er- und frühen 1990er-Jahre aufgenommen.

Die Menschen

Locker, ungezwungen, höflich und warmherzig gehen Brasilianer miteinander und mit ihren Gästen um. Ihre ansteckende Lebensfreude und unaufdringliche Freundlichkeit machen es jedermann einfach, sofort am Lebensgefühl und an der Geselligkeit des tropischen Reiselands teilzuhaben. Ihre optimistisch-heitere Grundeinstellung findet auch in ihrer – selbst ohne Portugiesischkenntnisse verständlichen – Zeichensprache beredten Ausdruck: Die Lieblingsgeste ist der nach oben gerichtete Daumen und hat vielerlei positive Bedeutungen, von »alles klar« (*tudo bem*) bis »toll« (*ótimo*) oder »einverstanden« (*ta bom*). Ein Schlüssel zum Dialog mit den Einheimischen liegt in der eigenen Freundlichkeit: Brasilianer honorieren jeden Dialog auf Augenhöhe. Gleichgültig, ob man beispielsweise ein Gespräch unterbrechen muss, um eine Frage

(übrigens gerne auch in Spanisch) zu stellen oder einfach nur an einem Tisch Platz nehmen möchte: Die einleitende Bitte *com licença* (gestatten Sie) sollte jeder Brasilienreisende – unabhängig von seiner Sprachbegabung – parat haben. Schon diese simple Floskel öffnet buchstäblich Türen und die meisten Brasilianer werden sich redlich mühen, Verständigungsprobleme einfallsreich zu überbrücken – notfalls mit raumgreifender Zeichensprache und ausgesprochen lebhafter Mimik.

Ein Gräuel ist ihnen jedoch die von US-Bürgern gegenüber Lateinamerikanern gezeigte Arroganz. Alle Brasilianer lieben ihr Land bedingungslos und können nur verhalten verstehen, warum manche Ausländer gerade die Schwachstellen Brasiliens mit Vorliebe kritisieren, die den Einheimischen selbst nur allzu schmerzhaft bewusst sind. Aber ihre geradezu sprichwörtliche Sanftmut und lässige Toleranz legen die Brasilianer auch mal ab: Wenn es beispielsweise bei einem großen Fußballmatch gegen den Erzrivalen Argentinien wieder einmal richtig zur Sache geht, können durchaus Flüche und gelegentlich sogar Steine von den Zuschauerrängen prasseln.

Land der Städter

Brasilien wurde vom Atlantik her erschlossen. Seither ist die Küste die am dichtesten besiedelte Region des Landes. Noch heute leben hier und in den Ballungsräumen der Großstädte etwa 4/5 der Brasilianer. Den unbestrittenen Reiz der Metropolen trägt das lokale Fernsehen längst marktschreierisch bis in die letzte Holzhütte am Amazonas. Durch Abwanderung gerade der ärmeren Bevölkerungsschichten aus dem Hinterland prallen in den Millionenstädten die sozialen Gegensätze besonders hart aufeinander. Fast alle Metropolen umgibt ein Ring von Elendsviertel (*favelas*), deren Hütten aus Brettern, Kunststoffplanen und Blechresten zusammengezimmert wurden. Die Besonderheit Rio de Janeiros besteht, in Bezug auf die *favelas*, darin, dass die Behausungen der Armen, nach europäischem Verständnis, die »besten« Wohnlagen auf den Hügelkuppen überziehen, während sich viele Wohlhabende und Reiche hinter den hohen Mauern ihrer, von Wächtern und Schlagbäumen geschützten Wohnanlagen (*condóminos*) verbarrikadiert haben.

Soziale Kontraste

Oft liegt zwischen beiden Welten nur eine Straße oder ein Rinnsal. Und doch scheint die Kluft zwischen Arm und Reich unüberbrückbar. Das rassistisch geprägte Denken aus der Kolonialzeit, das Vertrauenswürdigkeit und sozialen Status anhand der Hautfarbe bestimmte, ist in Brasilien nur nach offizieller Lesart überwunden. Doch helle Haut ist, wenn es auch nicht mehr ausgesprochen wird, noch immer das Erkennungszeichen der Oberschicht und ein Faustpfand für berufliche Perspektive und Wohlstand. Dunkle Haut verbindet man hingegen noch immer automatisch mit der Zugehörigkeit zur Unterschicht: Schätzungsweise 100 Millionen Brasilianer haben kein messbares Auskommen, sie gelten als »marginalisiert«. Hinter der glatten Metapher der Soziologen verbirgt sich nichts anderes, als dass die Armen und Verarmten vom besseren Ende der Gesellschaft überhaupt nicht mehr beachtet werden. Die bei uns üblichen sozialen Absicherungen wie Pflege- und Krankenversicherung oder Hartz IV haben für die meisten Brasilianer den Wohlklang von Wunschträumen aus einem fernen Schlaraffenland. Brasiliens ungezügelten Kapitalismus kritisieren sogar Würdenträger der römisch-katholischen Kurie.

Religion

Der katholische Glaube kam mit den Eroberern nach Brasilien. Millionen indianischer Ureinwohner wurden versklavt und zwangsgetauft, ebenso wie verschleppte Leibeigene aus Westafrika. Deren tradierte Gottheiten erwiesen sich jedoch als langlebig und erfreuen sich noch heute großer Beliebtheit. Die *Orixás* werden weiterhin angebetet, nur eben getarnt durch katholische Heilige. Bis heute prägen synkretistische Religionen wie *Candomblé* › S. 77 und *Umbanda* das kulturelle Leben besonders im Nordosten des Landes.

Prozession an Christi Himmelfahrt in São Luíz de Paraitinga

Dem widerspricht nicht, dass rund 140 Mio. getaufte Katholiken Brasilien zur größten katholischen Gemeinde der Erde machen. In der sozialen Misere bietet die Religion vielen Halt und Hoffnung, aber auch Raum für die magisch aufgeladene Gläubigkeit des typisch brasilianischen Volkskatholizismus. Hunderttausende ziehen auf Wallfahrten und Heiligenfesten durch das Land, so etwa im Bundesstaat Ceará zum Grab des Wunderheilers und von Rom bislang missachteten Predigers Padre Cícero (1844–1934) in Juazeiro do Norte.

Neben der patriarchalisch-konservativen Amtskirche spielt die Kirche der Armen eine große Rolle. In der sozialreformerischen Befreiungstheologie, die die Verarmung der Massen als soziale Sünde ansieht, wird sie zur politischen Kraft. Ihre Anhänger versuchen, die Gesellschaft zugunsten der Armen und Landlosen zu verändern. Viele Priester setzen sich in ländlichen Regionen mit Großgrundbesitzern auseinander, um Land für die Landlosen zu erstreiten.

Die Pfingstkirchen (*pentecostais*) und die sprunghaft angestiegene Zahl protestantischer Gruppierungen mit rund 40 Mio. Anhängern ist kräftig dabei, den alleinigen Führungsanspruch der katholischen Kirche vehement infrage zu stellen.

Die eindrucksvolle Igreja Nossa Senhora do Carmo in Ouro Petro

Kunst und Kultur

Brasilien zieht seine spannende Vielfalt aus indianischen, afrikanischen und kolonialen Elementen. Indianische Mythen und Legenden beeinflussen Malerei und Tanz, die kreative Musikszene hat vor allem afrikanische Instrumente und Rhythmen integriert.

Beseelte Musik, rauschende Tänze

In der ersten Hälfte des 18. Jhs. entwickelte sich in Minas Gerais erstmals eine eigenständige **klassische Musik**. Ihre Protagonisten waren in Bruderschaften organisiert. Als Vertreter der neueren Musik verlieh der herausragende Komponist und Dirigent Heitor Villa Lobos (1887 bis 1959) seinen Opern, Sinfonien und Kammermusikwerken Ästhetik und nationales Pathos.

Die Unterhaltungsmusik wird von der allgegenwärtigen **Música Popular Brasileira** (MPB) bestimmt. Der um 1870 entstandene, bis heute sehr lebendige **Choro** interpretiert europäische Musikformen wie Polka und Walzer. Vermischt mit afrobrasilianischen und indianischen Tanzformen entstand daraus die **Samba** (angolanisch: *semba* – Bauchnabel), mit ihren mittlerweile rund 40 Varianten.

Samba und Jazz beeinflussten den **Bossa Nova**. Er feierte 1958 in dem Song »Chega de Saudade« von Vinícius de Moraes seinen ersten erfolgreichen Auftritt mit Tom Jobim am Piano und dem Sänger João Gilberto. Der internationale Durchbruch kam ein Jahr später als Filmmusik zu »Orfeu Negro« (Goldene Palme in Cannes) und in den Aufnahmen von João Gilberto und Stan Getz.

Der **Tropicalismo** entstand 1967 in Salvador de Bahia als Ausdruck versteckten Widerstandes einer künstlerischen Bewegung. Besonders engagierte Musiker wie Gilberto Gil und Caetano Veloso mussten während der Militärdiktatur vorübergehend ins Exil.

Regionale Wurzeln besitzen die Musikrichtungen des Nordostens: der schnelle polkaähnliche **Forró** (von engl. *for all*) hat sich als geradezu unverwüstlich herausgestellt, vor allem seine neue Popularität bei Studenten aus São Paulo hat zur Entstehung zahlreicher neuer, junger Bands beigetragen. Der afrobrasilianische **Axé** (auch als Samba-Reggae bezeichnet) hat sein kreatives Epizentrum in Salvador da Bahia.

Kolonialbarock und moderne Architektur

Antônio Francisco Lisboa (1730–1814; › S. 66) war der herausragende Bildhauer des **brasilianischen Barock**, der im 17./18. Jh. durch Assimilierung europäischer Stile vor allem in Minas Gerais zu seiner späten Blüte kam. Ouro Preto und Congonhas tragen seinen Stempel.

Diese postmodernen Bauten des Architekten Oscar Niemeyer in Brasília spielen mit den Formen von Kelchen und Kerzenleuchtern

Nachdem die im 19. Jh. eingewanderten französischen Künstler klassizistische Formen betont hatten, leitete die 1922 erstmals veranstaltete »Woche der Modernen Kunst« (*Semana de Arte Moderna*) in São Paulo das **Movimento Modernista** ein. Es verschaffte auch der Architektur Brasiliens Weltgeltung. Die von Le Corbusier beeinflusste Moderne erlebte ihren Durchbruch beim Bau von Brasília (1956–60): Die am Reißbrett geplante Hauptstadt, ein Werk des Architekten Oscar Niemeyer (geb. 1907), des Städteplaners Lúcio Costa (1902–98) und des Landschaftsarchitekten Roberto Burle Marx (1909–94), stellt eine der wenigen realisierten Idealstädte des 20. Jhs. dar.

Brasilianische Literatur

Die Prosaliteratur wandte sich seit dem 19. Jh. verstärkt nationalen und gesellschaftlichen Themen zu. Die modernistischen Strömungen zu Beginn der 1920er-Jahre brachten Erschütterungen im ganzen Kulturbetrieb, die z.B. in Mário de Andrades (1893–1945) anarchistischem Epos »Macunaíma – der Held ohne jeden Charakter« ihren Ausdruck fanden.

Ab 1930 wurde im Zuge der Industrialisierung und zunehmender sozialer Konflikte der »regionalistische Roman«, u.a. von João Guimarães Rosa (1908–67), zum Sprachrohr der kleinen Leute. Der international populärste Autor ist Jorge Amado (1912–2001), der in seinen in mehr als 30 Sprachen übersetzten Romanen die koloniale Welt des Bahia der Schwarzen und Mulatten porträtiert. Weniger bekannt ist dagegen Euclides da Cunha (1866–1909). Sein zu Beginn des 20. Jhs. erschienenes monumentales Epos »Os Sertões« schildert den Krieg im dürregeplagten Nordosten. Als Neuerer der Gegenwartsliteratur zeichnen Rubem Fonseca (geb. 1925) und Ignácio de Loyola Brandão (geb. 1936) in ihren Romanen schockierende Bilder moderner brasilianischer Großstädte. Der gegenwärtig meistgelesene brasilianische Autor ist Paulo Coelho.

Fernsehen und Film

Einen hohen Stellenwert im brasilianischen Fernsehalltag nehmen die *novelas* genannten Seifenopern ein, in deren Bann täglich um 18, 19 und 20.30 Uhr die »halbe Nation« steht. Hundert und mehr Folgen lang flimmern in melodramatische Episoden zerlegte Endlosserien über Liebe, Schicksal, Macht und Intrigen über die Fernsehbildschirme. »Novelas made in Brasil« werden in die ganze Welt exportiert. Die ersten Top-Einschaltquoten in Europa verzeichnete die Serie »Die Sklavin Isaura« mit Lucélia Santos in der Hauptrolle.

Um das brasilianische Kino war es lange ziemlich still geblieben. Doch gerade in jüngster Zeit konnten mehrere aufsehenerregende Produktionen auch in Europa wieder Erfolge feiern: »Central do Brasil« (1998) von Walter Salles, **der Oscar-nominierte Film »City of God«** (2002) sowie »Der ewige Gärtner« (2005) von Fernando Meirelles oder »Der Mann, der kopierte« (2003) von Jorge Furtado wurden einem breiteren Publikum bekannt. Der Thriller »Tropa de Elite« (2007) von José Padilha erhielt Anfang 2008 im Rahmen der 58. Internationalen Filmfestspiele von Berlin den Goldenen Bären.

Echt gut!

Volkskunst

Brasiliens Kunsthandwerk (*artesanato*) besitzt einen breiten Fundus regionaler Identität. Ob die gereimten Erzählungen der *Literatura de Cordel*, Heftchen, die zum Verkauf an Schnüren (*cordel*) hängen, oder die Mensch-Tier-Zwitterwesen der Galionsfiguren (*carrancas*) der Schiffe des Rio São Francisco, immer sind die Kunstprodukte im Volksglauben verankert.

Seit Generationen werden im Nordosten Tonfiguren, sogenannte *caxixis*, gefertigt, die Szenen des ländlichen Lebens darstellen. Zentrum dieser Kunst ist das 134 km westlich von Recife gelegene Caruaru › S. 97. Die Produktion von Volkskunst in Familienmanufakturen ermöglicht es der Landbevölkerung, am Tourismus teilzuhaben. Aus dem Nordosten kommen ferner Spitzen, Stickereien, handgewebte Hängematten und Lederwaren.

Feste und Veranstaltungen

Festkalender

Januar: In Salvador findet an Neujahr die **Bootsprozession Bom Jesus dos Navegantes** statt. Der zweite Donnerstag nach den Heiligen Drei Königen (Reis Magos) steht im Zeichen des **Candomblé-Festes Lavagem do Bonfim**. In Rio Grande do Sul treffen sich stolze Gaúchos bei **Rodeios Crioulos** in Alegrete, Canela und Vacaria.

Februar/März: Ausgangspunkt der bedeutendsten Candomblé-Feier am 2. Februar, der **Festa da Yemanjá,** ist Salvadors strandnahes Viertel Rio Vermelho. Karneval versetzt das ganze Land in Freudentaumel: Epizentren sind Salvador, Recife, Olinda und Rio de Janeiro › Special S. 49. Juazeiro do Norte ist am 24. März Ziel Tausender Wallfahrer, die den Geburtstag des verehrten Sertão-Priesters **Padre Cicero** (1844–1934) begehen.

April: In São Paulos asiatischem Viertel Liberdade feiert man **Hana Matsuri** – Buddhas Geburtstag. Die traditionellen österlichen Feiern werden in Nova Jerusalem um die Variante **Paixão do Cristo** bereichert – Oberammergauer Passionsspiele auf Brasilianisch.

Mai/Juni: 50 Tage nach Ostern beginnen in Pirenópolis (Goiás) die 12-tägigen Feiern im Rahmen der **Festa do Divino Espírito Santo**. Höhepunkt des von über 30 000 Zuschauern verfolgten Festreigens ist eine mittelalterliche Reiterschlacht zwischen Mauren und Christen. Die Juni-Feste – vor allem der **Ehrentag des São João** am 24. Juni – begeht man in weiten Teilen Brasiliens mit Freudenfeuern und Quadrille-Tänzen. Besonders sehenswert sind diese **Festas Juninas** in Aracaju (Sergipe), Caruaru (Pernambuco) und Maceió (Alagoas). In den Straßen von São Luís (Maranhão) feiert man **Bumba-meu-boi** und in Parintins (Amazonas) den **Boi-bumbá** › S. 113.

Juli: Cowboys aus Nordostbrasilien treffen sich in Serita (Pernambuco) zum pittoresken Feldgottesdienst **Missa dos Vaqueiros**. Eine ähnliche Veranstaltung findet in Juazeiro do Norte (Ceará) statt.

August: In Barretos (São Paulo) findet die **Festa de Peão** statt – das größte Rodeo-Fest nach amerikanischem Vorbild. Cachoeira (Bahia) begeht Freitag bis Sonntag vor dem 15. August die **Festa da Boa Morte**, das bedeutendste Candomblé-Fest der Recôncavo-Region.

September: Porto Alegre feiert (13.–20. Sept.) die **Semana Farroupilha** – mit viel Gaúcho-Folklore. Ende September begeht Joinville (Santa Catarina) die **Festa Nacional do Chope** – mit Blasmusik und viel Bier.

Salvador ist eine Hochburg des Candomblé

Oktober: Größtes Bier-Spektakel Brasiliens ist das **Oktoberfest** in Blumenau (Santa Catarina); weit weniger bekannt ist das **Südoktoberfest** in São Lourenço do Sul (Rio Grande do Sul). Das größte religiöse Fest Amazoniens – der **Círio Nazaré** – beginnt am zweiten Oktobersonntag in Belém (Pará).

November: Blumenfest (Festa das Flores) in Joinville (Santa Catarina), 15.–25. November.

Dezember: Réveillon (Silvester). Am spektakulärsten sind die Feiern an Rios Copacabana.

Essen und Trinken

Brasilien hat zwar kein ausgesprochenes Nationalgericht, landesweit kommt aber *feijoada* auf den Tisch: Hierfür brodeln mehrere Stunden Bohnen, Wurst, Rind- und Schweinefleisch im Topf. Dazu gibt es würzig geröstete *farofa* (Maniokmehl), gedünsteten Grünkohl (*couve*), Reis (*arroz branco*) und Orangenscheiben.

Churrasco und Rodízio

Ein Leibgericht der Brasilianer ist der aus Argentinien stammende *churrasco* (Spießbraten): Von langen Spießen schneidet der Kellner in der Churrascaria das Fleisch direkt auf den Teller: Schulter, Nacken,

Echt gut!

Außergewöhnliche Restaurants

- Das vom französischen Sternekoch Claude Troisgois geleitete Nobelrestaurant **Olympe** zählt zu den Wallfahrtsorten brasilianischer Feinschmecker › S. 51.
- Im Jugendstil-Café **Confeitaria Colombo** › S. 58 in Rios Zentrum schwingt portugiesische Kaffeehaustradition mit: Ihr Vorbild war die 1988 leider abgebrannte Pasteléria Ferrari in Lissabon.
- Die Churrascaria **Porcão** blickt vor Rio de Janeiros Stadtteil Flamengo auf den Zuckerhut und die Bucht von Guanabara › S. 58.
- In Belo Horizontes privilegiertem Wohnviertel Pampulha lohnt das rustikal anmutende Restaurant **Xapuri** immer einen kulinarischen Abstecher. Spezialität sind die traditionellen Gerichte aus Minas Gerais › S. 64.
- Traditionelle portugiesische Gerichte werden in São Paulos Spitzenrestaurant **Antiquarius** seit Jahren mit gleichbleibender Perfektion zubereitet › S. 70.
- Wer noch nie in Salvadors traditionsreichstem Fischrestaurant **Yemanjá** gegessen hat, ist nicht wirklich in Bahia angekommen › S. 84.
- In Belém zieht es alle Besucher früher oder später an die Estação das Docas, Feinschmecker vermutlich ins Restaurant **Lá em Casa** › S. 111.
- Paella mit Krokodilfleisch an schwarzem Reis zählt zu den Highlights des Restaurants **Patú Anú**, dem neuen Talk-of-the-Town Brasílias › S. 122.

Lende vom Rind. Auch Spanferkel, Lamm, pikante Würste, Hühnerherzen und Mozzarella werden gegrillt. Beim sogenannten *rodízio* kann man zum Festpreis so viel essen, wie man will.

Schnellgerichte

Schnell auf den Tisch kommt in bürgerlichen Restaurants ein *prato comercial* oder *prato feito* mit Fleisch, Reis und Bohnen oder gebratenes Rindfleisch mit Ei, Pommes frites und Reis. *Misto quente*, ein getoastetes Sandwich mit Käse und Schinken, oder Happen wie *empadas* oder *empadinhas*, gefüllte Teigtaschen mit Hackfleisch, Palmherzen oder Käse, bereiten *lanchonetes* (Imbissbuden) und *pastelarias* (Konditoreien) zu.

Das preiswerte Huhn (*frango*) wird in Bahia als Frikassee (*xinxim de galinha*) zubereitet, in Goiás als Pastete (*empadinha*) oder als Suppe (*canja*).

Eine Spezialität aus Nordamazonien ist *pato no tucupi*: gebratene Entenstücke mit Tucupi-Saft (vom Maniok), garniert mit Jambú-Blättern.

Fisch und Schalentiere

Sie bestimmen entlang der Küste und den großen Flüssen den Speiseplan. Sehr beliebt sind *peixe frito* (gebratener Fisch), *camarão frito* (gebratene Krabben) und *filé de peixe* (Fischfilet). Besonders in Strandkneipen beliebt ist *carangeijo toc-toc*, in einer würzigen Brühe gekochte Krebse, deren Scheren man mit einem

Holzstock zerklopft. Das weiße Fleisch löst man mit den Fingern oder saugt es heraus.

Eine weit verbreitete Form der Konservierung ist das Trocknen. Überall auf den Märkten zieht der Geruch von *bacalhau* (Stockfisch) durch die Gassen. Gewässert und mit Gemüse gedünstet, ist er eine einfache Mahlzeit. Luftgetrocknetes Fleisch, *carne seca*, oder *carne do sol* (in der Sonne gedörrt) wird für Eintöpfe verwendet.

Entlang der Küste Brasiliens bestimmt Fisch den Speiseplan

Bahias Küche

Unter der Vielfalt regionaler Küchen schmeckt die afrikanisch-indianisch beeinflusste Küche Bahias besonders exotisch. *Vatapá* ist ein gekochter Mehlbrei, verfeinert mit Krabben, Ingwer, Erd- und Cashewnüssen. Für die *moqueca* schmoren Fisch, Krabben oder Gemüse in Kokosmilchsauce. Delikat sind die in Salvadors Straßen angebotenen *acarajés*, in Dendê-Öl gebackene Bällchen aus Bohnenbrei, oder *caruru* aus Okraschoten, Krabben und Cashewnüssen.

!! *Molho de pimenta* (Pfeffersauce), rötliches Palmöl (*azeite de dendê*) und Kokosmilch fehlen nie – und sind für manchen Europäer nicht unbedingt bekömmlich.

Süßes

Desserts wie *cocadas* – mit Zucker verbackenes Kokosmark, häufig auch von Straßenhändlern verkauft –, Puddings, in Sirup eingelegte Früchte und Eis (*sorvete*) lassen keine Mahlzeit zur Schlankheitskur werden.

Alkohol

Die Nummer eins unter den Spirituosen ist der aus Zuckerrohr destillierter Schnaps: *aguardente*, auch *cachaça* oder *pinga*. Die mit Limonen, Rohrzucker und zerstoßenem Eis gemixte *caipirinha* oder die mit Fruchtsäften oder Kokosmilch versetzte *batida* mundet gefährlich gut. Extrem eisgekühlt, mitunter zum Eisklotz gefroren (*estupidamente gelada*) serviert man in Brasilien das Flaschenbier (*cerveja*) der Sorten Antartica, Brahma, Cerpa, Kaiser oder Skol selbst am Strand.

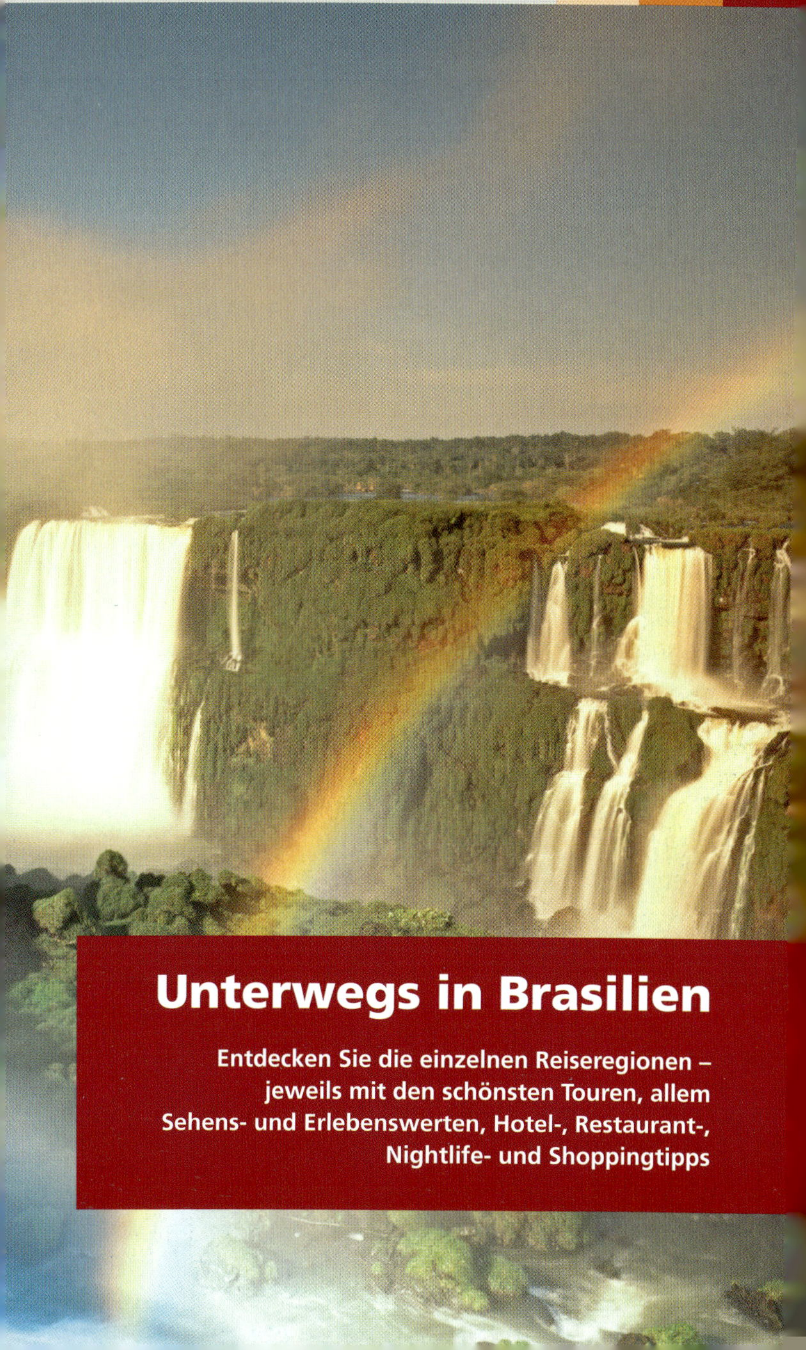

Unterwegs in Brasilien

Entdecken Sie die einzelnen Reiseregionen – jeweils mit den schönsten Touren, allem Sehens- und Erlebenswerten, Hotel-, Restaurant-, Nightlife- und Shoppingtipps

Rio de Janeiro und Umgebung

Nicht verpassen!

- Den Besuch der Aussichtsplattform vor der Christusstatue
- Eine Fahrt mit Rios uralter Trambahn »Bondinho« ins Viertel Santa Teresa
- Einen Sonnenuntergang auf dem Zuckerhut mit Blick auf Rio
- Ausgehen in Rios angesagtem Lapa-Viertel

Zur Orientierung

Mühelos übertrifft Rio de Janeiro die gängigen Klischees. Keine Millionenmetropole liegt schöner. Ihre Umgebung ist ein Sonntagswurf der Natur: Breite Sandstrände, flaschengrüner Bergwald und glatzköpfige Granitkegel umrahmen ihr Häusermeer.

Die besten Viertel blicken zum azurblauen Atlantik, der Rest der Stadt steigt wie ein riesiges Amphitheater an bis zu den ärmsten Hütten auf den höchsten Kuppen.

In Rio ankommen und zum Stadtteil Copacabana fahren, ist für die meisten Besucher eins, schließlich drängen sich in dem Viertel gut 80 % der Hotels. Schon der zweite Gang führt viele zum Strand. Hier helfen die nummerierten Postos, eine Mischung aus Sanitätsstation und Wachturm der Rettungsschwimmer, bei der Orientierung. Während Posto 1 auf den Strand von Leme blickt, erstreckt sich die halbmondförmig geschwungene Copacabana zwischen Posto 2 und 6. Die von der Brandung umspielten Felsen der Ponta do Arpoador trennen den berühmtesten Strand der Welt von den Vierteln Ipanema und Leblon, deren Sandstrände von Posto 7 bis 12 reichen.

Am besten lässt sich das immer wieder faszinierende Zusammenspiel zwischen dem anbrandenden Atlantik, der weitläufigen Bucht von Guanabara, den schroffen Felskegeln und der scheinbar nimmermüden Metropole aber von den erhabenen Aussichtspunkten Pão de Açúcar (»Zuckerhut«) oder dem Corcovado (»Buckligen«) beobachten. Rios markante Berggipfel bieten sich zum Bestaunen der täglich neuen Inszenierung der *cidade maravilhosa* (»wundervollen Stadt«) geradezu an. Nach Osten reicht der Blick über die Baía de Guanabara bis zur Nachbarstadt Niterói und zum Orgelpfeifengebirge in der Serra do Mar und im Westen, über die herzförmige Lagune Rodrigo de Freitas hinweg, bis zu Rios Stadtteil Gávea und den aus dem Tijuca-Wald ragenden Felsgipfeln.

Touren in Rio und Umgebung

Spektakuläre Aussichtspunkte

– 3 – Corcovado › Zentrum › Zuckerhut

Dauer: 1 Tag
Praktische Hinweise: Da der Corcovado gegen Nachmittag gerne von Wolken umgeben wird, die Innenstadt bessere Restaurants bietet als jede der beiden Gipfelstationen und nur die Gondeln der Seilbahn zum Zuckerhut bis 20.20 Uhr verkehren, bietet sich die oben

Karte Seite 44

A Copacabana
B Ipanema
C Corcovado
D Zuckerhut

genannte Reihenfolge geradezu an; zumal sich Rios spektakulärer Sonnenuntergang am besten vom Pão de Açúcar verfolgen lässt. Bequeme Schuhe, Sonnenschutz für Haut und Kopf sind unverzichtbare Begleiter bei dieser Tour.

Früh aufstehen lohnt sich, will man den größten Rummel auf der Aussichtsplattform des ****Corcovado** › S. 51 vermeiden. Die Zahnradbahn zum Cristo Redentor hat ihre Talstation im Stadtteil Cosme Velho; die erste Bergfahrt beginnt um 8.30 Uhr. Ihre Gleise führen durch den sekundären Regenwald des ****Parque Nacional Floresta da Tijuca** › S. 51. Den letzten Anstieg zum Gipfel erleichtern Rolltreppen, der spektakuläre Blick auf Stadt und Küste lässt die meisten Menschen länger verweilen als an den anderen Aussichtspunkten der Stadt. Wer optimal plant, nutzt für die Talfahrt die in Serpentinen verlaufende Straße, entweder mithilfe eines vorbestellten Taxis oder an Bord eines restaurierten Geländefahrzeugs (www.riobyjeep.com, Tel. (021) 3322-5750).

Am Mittag geht es zu einem kulinarischen Stopp ins Zentrum Rios, wo man sich z.B. in der ****Confiteiria Colombo** › S. 58 bei einem exzellenten Mittagsbuffet stärken kann. Nach einem Bummel durch Rios Altstadt wartet der ****Zuckerhut** › S. 51, dessen rundum verglaste Gondelbahn schon im James-Bond-Film »Moonraker« zu frühem Hollywood-Ruhm kam. Einen Sonnenuntergang auf dem Pão de Açúcar zu erleben, gehört zu den eindrucksvollsten Momenten eines Brasilienurlaubs.

Kultureller Streifzug durch Rio

– 4 – Copacabana › Cinelândia › Carioca › Ilha Fiscal › Copacabana

Dauer: 1 Tag
Praktische Hinweise: Seit der Eröffnung der Metro-Bahnstationen Siqueira Campos, Cantagalo und General Osório haben alle Hotelgäste in den Vierteln Copacabana und Ipanema Zugang zu Rios Metrô – und damit eine ausgesprochen schnelle und preiswerte Verbindung zur Altstadt, deren Sehenswürdigkeiten sich von den U-Bahn-Haltestellen Cinelândia und Carioca bequem zu Fuß erschließen lassen.

Kommt man an der Sation **Cinelândia** an, so laden entlang der Avenida Rio Branco die **Biblioteca Nacional** › S. 54 und das **Mu-**

– 3 – Spektakuläre Aussichtspunkte
Corcovado › Rios Zentrum › Zuckerhut

– 4 – Kultureller Streifzug durch Rio
Copacabana › Cinelândia › Carioca › Ilha Fiscal › Copacabana

seu **Nacional de Belas Artes** › S. 54 zur Stippvisite ein. Gegenüber, an der Praça Marechal Floriano, zieht die Fassade des 1904 vollendeten **Teatro Municipal** › S. 54 alle Blicke auf sich. In seinem kühlen Untergeschoss bietet sich das Café do Teatro (Mo bis Fr 11–15.30 Uhr) gerade bei Hitze für einen Drink an. Die Metrô-Station **Carioca** ist ein paar Schritte vom Fußgängern vorbehaltenen Stadtplatz Largo da Carioca entfernt, der vom Kloster ****Convento de Santo Antônio** und der Kirche ****Ordem Terceira de São Francisco de Penitência** › S. 56 gesäumt wird. Folgt man der zum Hafen führenden Rua das Assembléia, erreicht man an der Praça XV den zu einem Kulturzentrum umgestalteten Palast **Paço Imperial** › S. 53. Gegenüber verschafft der Arco de Teles genannte Torbogen Zugang zur Gasse Travessa do Comércio, die von zweistöckigen Wohnhäusern aus dem 19. Jh. flankiert wird, welche heute von Musikkneipen und Restaurants eingenommen werden. Mit der Avenida Visconde de Itaboraí schließt sich der **Kulturkorridor** an. Die Bezeichnung entstand im Zuge der Eröffnung der hier entstandenen Kulturzentren der **Banco do Brasil** › S. 52, der Post (Correios) und der **Casa França-Brasil** › S. 53. Die Tour lässt sich donnerstags bis sonntags mit einem Bootsausflug zur ***Ilha Fiscal** (Zollinsel) › S. 53 verbinden. Abgelegt wird an Bord des Hochseeschleppers »Laurindo Pitta« oder des Schoners »Nogueira da Gama«, um 13.15 und um 15.15 Uhr, vom Kai des Marinemuseums **Espaço Cultural da Marinha** › S. 53; Tickets werden dort ab 11 Uhr verkauft.

Costa do Sol und Búzios

⑤ Rio › Niterói › Saquarema › Araruama › Iguaba Grande › Arraial do Cabo › Armação dos Búzios

Dauer und Länge:
2 Tage, ca. 190 km

Praktische Hinweise: Die Seen und Strände entlang der Costa do Sol sind »das« Naherholungsziel für Rios Einwohner; entsprechend stark werden alle Straßen der Strecke während der Hochsaison (Dez.–März) befahren und kontrolliert. Die kürzeste Verbindung bilden die Schnellstraßen BR-101 und RJ-124; dem Verlauf der Küste folgt nur die RJ-106. Reisebüros in Rio und einige Hotels in Búzios bieten Shuttlefahrzeuge für den direkten Transfer ab Hotel an.

Fähre nach Niterói:
Am schnellsten (20 Min.) sind Katamaran-Fähren (www.barcas-sa.com.br), ihr Terminal (Estação das Barcas) ist an Rios Praça Quinze.

Bus nach Búzios:
Die Gesellschaft 1001 (www.autoviacao1001.com.br) fährt täglich mehrmals von Rios Busbahnhof Rodoviária Novo

Rio sowie vom Fähranleger in Niterói nach Búzios. Vorausbuchung ist bis zu 7 Wochen vorher möglich und in der Hochsaison zu empfehlen.

!! Entlang der Strecke Rio – Búzios gibt es mehrere Radarkontrollen. Zwei stehen unmittelbar vor dem Ortseingang von Búzios. Die Strafen für Temposünder sind hoch.

Diese Tour führt vom Schmelztiegel **Rio de Janeiro** › S. 48 an einer Traumküste entlang zum mondänen Ferien- und Strandparadies Búzios. Das erste Etappenziel **Niterói** erreicht man per Fähre oder über die 13,5 km lange Brücke Presidente Costa e Silva (Pkw-Maut). Sehenswert ist hier das von Oscar Niemeyer entworfene Museu de Arte Contemporânea (Tel. (021) 2620-2400, www.macniteroi.com.br). Das Gebäude erinnert an ein Ufo und wartet mit wechselnden Ausstellungen zu moderner Kunst auf. Ein lohnender Zwischenstopp ist **Saquarema**, dessen Strand Itaúna vor allem bei Surfern sehr beliebt ist. Nach einer Übernachtung, z.B. im kleinen, 3 km vom Ortskern entfernten Strandhotel »Maasaí« (Traversa Itaúna 17, Praia de Itaúna, Tel. (022) 2651-1092, www.maasai.com.br ●●), geht es am nächsten Tag weiter nach **Araruama**. Dort kann man sich im einfachen Restaurant »O Pirata« an der Lagune stärken (Tel. (022) 9959-8134). Wer sich im Wasser entspannen möchte, kann dies 15 km weiter an dem von Bäumen gesäumten Sandstrand vor dem Städtchen **Iguaba Grande**. Tauchbegeisterte finden zwischen dem von Felsen und Inseln umgebenen Seebad **Arraial do Cabo** und der Ilha do Cabo Frio die besten Tauchgründe des brasilianischen Festlands. Endpunkt der Tour ist

Costa do Sol und Búzios Rio › Niterói › Saquarema › Araruama › Iguaba Grande › Arraial do Cabo › Armação dos Búzios

der ehemalige Fischerort **Búzios** › S. 60, der untrennbar mit der französischen Schauspielerin Brigitte Bardot verbunden ist, die in den 1960er-Jahren hier öfter verweilte. Ihre Liebe zu Búzios kann man auch heute noch nachvollziehen, ist der Top-Badeort mit seinen traumhaften Badestränden doch wie geschaffen für einen erholsamen Aufenthalt.

Wichtige Adressen

Touristinformation

CIAT Centro de Atendimento ao Turista
Av. Princesa Isabel 183
Tel. (021) 2541-7522

Touristenpolizei

Delegacia Especial de Atendimento ao Turista
Av. Humberto de Campos 315, Leblon
Tel. (021) 3399-7170 und 2511-5112

Verkehrsmittel

Flughafen

Rio de Janeiros internationaler Flughafen Tom Jobim – Galeão (GIG) liegt 10 km nördlich des Zentrums auf der Ilha do Governador. Von Europa aus gibt es Direktflüge der Air France ab Paris, der TAP ab Lissabon und der Iberia ab Madrid. Von Deutschland aus fliegt die brasilianische Airline TAM ab Frankfurt non-stop. Der Stadtflughafen Santos Dumont (SDU) an der Baía de Guanabara ist Inlandsflügen vorbehalten.

Rádio-Táxis

Coopertramo
Tel. (021) 2209-9292
Transcoopass
Tel. (021) 2209-1555
Die sichersten Verkehrsmittel Rios fahren vom Flughafen in die Stadt. Ihre Schalter finden sich im Ankunftsbereich der Flughäfen.

Unterwegs in ***Rio de Janeiro 1

Copacabana Ⓐ und Ipanema Ⓑ

Was Rio von vergleichbar großen Metropolen unterscheidet, sind seine Strände und das Strandleben. Die *praias* sind nicht Bestandteil, sondern Mittelpunkt des ganz alltäglichen Lebens der *cariocas*, der Einwohner Rios. Der Sandsaum der Stadt ist Treffpunkt, Basar, Fitnesscenter, Pausenhof, Stammkneipe, Laufsteg der Eitelkeiten, Arena und gelegentlich Konzertbühne. Schon bei den ersten Sonnenstrahlen zieht es Alt und Jung an die Hausstrände; die mit schwarzweißem Wellenmuster gepflasterten Promenaden locken Jogger, Biker und Inline-Skater. Trotz großen Ansturms bleibt die Stimmung freundlich und leger. Selbst die Polizisten tragen Badehose. Die Silvesternacht (Réveillon) feiern ca. 2,5 Mio. Menschen an der 4 km langen Bucht von **Copacabana**. Familien mit kleinen Kindern bleiben am Strand von

Special

Sambafieber

Rio & Co. – Karneval nonstop

Rio, Recife und Salvador sind Epizentren des brasilianischen Karnevals. Mit ausgelassenen Festen, mehr oder minder schillernder Verkleidung und kollektivem Lachen durchfeiern die drei Küstenstädte die fünfte Jahreszeit als rauschhaftes Fest: Zwar zeitgleich mit den närrischen Umtrieben Europas, aber – dank hochsommerlicher Temperaturen und heißer Rhythmen – wesentlich leichtfüßiger, beschwingt von geradezu euphorischer Hingabe und Selbstvergessenheit.

Rios beste Sambaschulen defilieren in der von Oscar Niemeyer gestalteten Arena Sambódromo in der Av. Marquês de Sapucaí. Die eigens für Touristen gestaltete Tribüne nennt sich »Setor 9«, hier gibt es nummerierte Sitzplätze (Preise ab 615 € p. P.). Eintrittskarten lassen sich über Hotels, Reiseveranstalter oder im Internet buchen: www.carnivalservice.com; eine sehr informative Seite ist: http://liesa.globo.com

Beim Besuch der **Siegerparade** am Samstag nach Karneval sind die Eintrittskarten deutlich günstiger. Hier treten die drei erstplatzierten Sambaschulen des Karnevals sowie die besten Nachwuchsgruppen auf. Information und Buchung über **Elcotour,** deutschsprachige Agentur in Rio, www.elcotour.com, oder bei Ruppert Brasil in München.

Kein Stillstand

Mit **öffentlichen Proben** beginnen **Rios Sambaschulen** (Escolas de Samba) bereits im September. Diese konzertanten Auftritte sind zwar mit dem großen Karnevalsdefilee im Sambódromo nicht vergleichbar, sie sind aber bei der Mittel- und Unterschicht Rio de Janeiros ausgesprochen beliebt – auch deshalb, weil Frauen vor Mitternacht meist keinen Eintritt zahlen müssen. Rios Tagespresse informiert donnerstags über die wichtigsten Termine. Die renommiertesten Escolas de Samba sind:

- **Portela**
Tel. (021) 2489-6440
www.gresportela.com.br
- **Mangueira**
Tel. (021) 2618-8327 oder 2567-4637
www.mangueira.com.br
- **Salgueiro**
Tel. (021) 2238-9226
www.salgueiro.com.br
- **Beija Flor**
Tel. (021) 2791-2866
www.beija-flor.com.br
- **União da Ilha**
Tel. (021) 2253-6447
www.gresuniaodailha.com.br
- **Unidos da Tijuca**
Tel. (021) 2263-9679
www.unidosdatijuca.com.br

Salvador

Über das Line-Up des Karnevals in Salvador kann man sich online informieren bei:
www.centraldocarnaval.com.br
Wegen Tickets wendet man sich direkt an die **Blocos**, z.B.:

- **Chiclete com Banana**
Tel. (071) 3248-1422
www.chicletecombanana.com.br
- **Banda Eva**
Tel. (071) 3486-1000
www.grupoeva.com.br
- **Cheiro de Amor**
Tel. (071 2104-6060
www.bandacheirodeamor.com.br

Turnschuhe statt Pailletten

Rios feuriger Karneval ist fraglos die größte Show der Welt. Bis zu anderthalb Stunden darf der farbensprühende Vorbeimarsch einer Sambaschule dauern, die sich dem Preisgericht im **Sambódromo** stellt. Durch die aus Beton gegossene Spielstätte und die aufwendige Ausstattung büßte Rios Karneval jedoch einen Teil seiner Volkstümlichkeit ein: Viele Besucher bevorzugen seither den **Straßenkarneval** Nordostbrasiliens. Dort ist alles etwas einfacher und zum Mitmachen ausgelegt: Statt Paillettenroben oder nackter Haut trägt man in Bahia **Abadás**, bunte T-Shirts und Turnschuhe. Und statt Samba bringen in Recife und Olinda **Frevo,** in Salvador **Música para Pular** (»Musik zum Hüpfen«) die Stimmung auf den karnevalistischen Siedepunkt.

Galo da Madrugada

Kostümierte Mitglieder dieses Blocos überschwemmen die Altstadt von **Recife** an Karneval ab 5.30 Uhr früh – daher der Name »Hahn des Morgengrauens«. Um die gewaltige Masse in Bewegung zu halten, werden nicht weniger als 30 Trios Elétricos eingesetzt, was 1995 zum Eintrag ins Guinness-Buch der Rekorde führte (www.galodamadrugada.org.br). Weitere Informationen zu **Recifes** und **Olindas** närrischen Umtrieben findet man im Internet auf www.carnavaldorecife.com.br und www.programacaocarnaval recife.com.br.

Karte Seite 44

Leme, am Ende der Copacabana, fast unter sich – oder sie teilen sich die **Praia do Arpoador** mit jugendlichen Surfern. An den breiten Stränden von **Ipanema** und **Leblon** haben Rios *tribos* und *turmas* (Gruppen und Cliquen) angestammte Treffpunkte vor den Abschnitten der nummerierten Wachtürme der Lebensretter. Vor Posto 8 flattern munter Regenbogenfahnen im Wind, was ein Zeichen für die Homosexuellen ist. Beim Posto 9 mischen sich Künstler, Intellektuelle und Touristen, vor Posto 10 flirtet die Jeunesse dorée.

1 ***Corcovado C

Rio de Janeiro ist die einzige Stadt der Erde, die über einen 3200 ha großen Urwald als Stadtgarten verfügt. Der tropische Wildwuchs des ****Parque Nacional Floresta da Tijuca** (8.30–18 Uhr; Gebühren für Kfz und Insassen) reicht bis ins Zentrum der Zuckerhutmetropole. Bei der Lagune Rodrigues de Freitas mündet der Nationalpark in den 1808 von König João IV. gegründeten ***Jardim Botânico** (tgl. 10–17 Uhr). Der bekannteste Aussichtspunkt im Tijuca-Wald liegt auf dem Bergrücken des **Corcovado**, der seit 1931 das weithin sichtbare Wahrzeichen Rios, die 38 m hohe **Christusstatue** (Cristo Redentor) trägt. Die Talstation der Zahnradbahn liegt im Stadtteil Cosme Velho. Von dort geht es halbstündlich hinauf (Betriebszeit von 8.30 bis 19 Uhr, www.corcovado.com.br). Neben der Zahnradbahn, in deren unmittelbarer Umgebung sowohl das **Museu Internacional de Arte Naïf**, als auch der restaurierte **Largo do Boticário** (Apothekerplatz, Rua Cosme Velho 822) eine Stippvisite lohnen, erschließen mehrere asphaltierte Straßen weite Teile des Tijuca-Nationalparks. Über die beim Jardim Botânico beginnende Estrada Dona Castorinha lässt sich beispielsweise der Aussichtpunkt ***Vista Chinesa** erreichen, dort spendet ein chinesisch inspirierter Pavillon Schatten. Die Estrada Paineiras führt in Serpentinen zum ***Mirante Dona Marta** und anschließend zum 704 m hohen Corcovado. Die **Estrada da Sumaré** bleibt an den Wochenenden für den Pkw-Verkehr geschlossen und wird zum **Eldorado für Biking und Trekking.** Echt gut!

Restaurant

Olympe
Rua Custodio Serrão 62
Jardim Botânico
Tel. (021) 2539-4542
www.claudetroisgros.com.br
Vielfach ausgezeichnetes Spitzenrestaurant, dem der **Crossover aus französischer Küche und brasilianischen Zutaten** perfekt gelingt. ●●● Echt gut!

**Zuckerhut D

Zum **Zuckerhut** (Pão de Açúcar), dem zweiten Wahrzeichen von Rio, fährt im 20-Minuten-Takt eine Seilbahn (www.bondinho.

Vom Zuckerhut aus hat man einen grandiosen Ausblick auf Rio

com.br, 8–20.40 Uhr, letzter Ticketverkauf 19.50 Uhr). Ihre Talstation befindet sich an der Praça General Tibúrcio im Stadtteil Urca, die Mittelstation nimmt den 215 m hohen Gipfel des Morro da Urca ein, die Bergstation befindet sich auf 396 m und bietet den faszinierendsten Blick auf Rio.

Aktivitäten

Nicht selten kann man Alpinisten beobachten, die den Zuckerhut über die fast senkrechte Südwestwand von der Praia Vermelha aus erklimmen. Kletterausflüge zu Gipfeln im Stadtgebiet sowie Trekkingtouren bietet **Companhia da Escalada** (**Tel. (021) 2567-7105, www.guiadaurca.com/companhia**).

Rios Stadtzentrum

Das geschäftige Zentrum Rio de Janeiros birgt viel Interessantes und Sehenswertes; leider nehmen sich nur wenige Touristen Zeit dafür – dabei ist der Stadtkern nicht nur bei Regenwetter einen Besuch wert, denn selbst eine kleine Auswahl der Kathedralen, Kirchen, Museen und Kulturzentren vermittelt einen Eindruck von der einst immensen Bedeutung der ehemaligen Hauptstadt Brasiliens.

**Kloster São Bento E

Klosterhügel, Konvent und die Basilika zählen zu den bedeutendsten Barockbauwerken des Landes. Die äußerlich schlichte Anlage wurde 1633–41 vom Militärarchitekten Francisco Frias de Mesquita in strategisch günstiger Lage oberhalb des Hafens von Rio errichtet. Besucher des Kirchenschiffs können per Münzeinwurf die Innenbeleuchtung starten: dann offenbart sich die ganze Pracht des mit acht Seitenkapellen, einem Hochaltar, Gemälden, schweren Kronleuchtern und mit Blattgold überzogenem Schnitzwerk ausgestatteten Mosteiro de São Bento.

Centro Cultural Banco do Brasil F

Der einstige Firmensitz der Banco do Brasil ist heute ein Kulturzentrum. An Computerterminals kann man sich in der Eingangshalle über Rios aktuelles Kulturgeschehen informieren. Bibliothek und Plattenshop laden zum Shopping ein (Rua Primeiro de Março 66, Di–Sa 10–21 Uhr, Eintritt frei).

Casa França-Brasil G

Im ehemaligen Zollgebäude (Alfândega Antiga) von 1852 finden wechselnde Ausstellungen statt, z. B. über Rio zur Kaiserzeit (Rua Visconde de Itaborái 78, Di–So 12–20 Uhr).

Espaço Cultural dos Correios H

Ebenfalls wechselnde Ausstellungen werden im ehemaligen Postgebäude (Rua Visconde de Itaboraí 20, Di–So 12–19 Uhr) gezeigt. Ein sehenswert altertümlicher Aufzug führt ins Obergeschoss.

**Espaço Cultural da Marinha I

Das Kulturzentrum und Museum der Marine schließt die unterirdischen Verbindungsgänge zur Ilha das Cobras ein. An den Museumskais liegen historische Schiffe vertäut. Echt gut! **Für Kinder ist der Besuch des U-Boots und des Helikopters spannend** (Av. Alfredo Agache, Tel. (021) 2104-5592, Di–So 12–17 Uhr, Eintritt frei).

**Ilha Fiscal J

Das Wasserschlösschen auf Rios Zollinsel sah 1889 die letzte Ballnacht des brasilianischen Kaiserreichs. Echt gut! **Führungen beginnen mit der Überfahrt** von den Kais des Espaço Cultural da Marinha (Do bis So 13, 14.30, 16 Uhr Sept. bis März; April–Aug. jeweils 1/2 Std. früher).

Arco de Telles K

Heute ist das Tor zu den Resten des 1790 abgebrannten Stadtpalastes der Familie Telles de Menezes nur noch ein von Restaurants und Bars gesäumter Durchgang von der Travessa do Comércio zur Praça XV.

*Paço Imperial L

Der spätbarocke Stadtpalast (1743) an der gegenüberliegenden Seite der Praça XV hat eine äußerst bewegte Geschichte: Lagerhalle, Bankgebäude, portugiesische Residenz, Gouverneurspalast und seit 1985 Kulturzentrum (Di–So 12–18 Uhr, Eintritt frei).

*Museu Histórico Nacional M

Die Sammlung des Nationalhistorischen Museums im ehemaligen Kriegsarsenal umfasst Möbel, Münzen, Waffen und Gemälde (Praça Marechal Âncora, www.museuhistoriconacional.com.br, Di–Fr 10–17.30, Sa, So 14 bis 18 Uhr).

*Museu de Arte Moderna N

Am nördlichen Ende des vom Landschaftsarchitekten Roberto Burle Marx gestalteten Parque do Flamengo setzt das von Alfonso Eduardo Reidy entworfene Museum für moderne Kunst ein architektonisches Highlight. Neben der bedeutenden Sammlung brasilianischer Kunst zeigt es wechselnde Ausstellungen sowie Arbeiten von Picasso, Andy Warhol und Le Corbusier (Av. Infante Dom Henrique 85, Di–Fr 12–18, Sa–So 12–19 Uhr).

*Biblioteca Nacional Ⓞ

Das beeindruckende Gebäude der bedeutendsten Bibliothek Lateinamerikas entstand 1910. Die Sammlung umfasst 9 Mio. Schriften, Bücher und Karten (Av. Rio Branco 219, Tel. (021) 2220-9484, Mo–Fr 9–20, Sa 9–15 Uhr, Führungen Mo–Fr 11 und 15 sowie um 13 Uhr in Englisch).

Museu Nacional das Belas Artes Ⓟ

Die Sammlung liefert einen Überblick über die brasilianische Malerei – von den Landschaftsmalern des 17. und 18. Jhs. bis zu Künstlern wie Cândido Portinari und Emiliano Di Cavalcanti (Av. Rio Branco 199, Di–Fr 10–18 Sa, So 12–17 Uhr).

Teatro Municipal Ⓠ

Rios Schauspielhaus wurde 1909 nach dem Vorbild der Pariser Oper von Francisco de Oliveira

Ⓔ Kloster São Bento
Ⓕ Centro Cultural Banco do Brasil
Ⓖ Casa França-Brasil
Ⓗ Espaço Cultural dos Correios
Ⓘ Espaço Cultural da Marinha
Ⓙ Ilha Fiscal
Ⓚ Arco de Telles
Ⓛ Paço Imperial
Ⓜ Museu Histórico Nacional
Ⓝ Museu de Arte Moderna
Ⓞ Biblioteca Nacional
Ⓟ Museu Nacional das Belas Artes
Ⓠ Teatro Municipal
Ⓡ Arcos da Lapa
Ⓢ Kathedrale São Sebastião
Ⓣ Convento de Santo Antônio
Ⓤ São Francisco da Penitência
Ⓥ Igreja Nossa Senhora da Glória do Outeiro
Ⓦ Museums Chácara do Ceu
Ⓧ Parque das Ruinas

Ilha Fiscal
Ilha das Cobras
Espaço Cultural da Marinha
Avenida Presidente Kubitschek
Rua Dom Gerardo
Praça Br. Ladário
Inhauma
Rua
Nossa Senhora da Candelária
Praça Pio X
Niterói, Ilha de Paquetá, Cocotá, Charitas
Estação das Barcas
Nossa Senhora da Lapa Mercadores
Baía de Guanabara
Rua de Buenos Aires
1 de Março
Praça Quinze de Novembro
Nossa Senhora do Monte do Carmo
Rua do Ouvidor
Nossa Senhora do Carmo
Assembléia Legislativa
Avenida Presidente Kubitschek
Av. Alfredo Agache
7 de Setembro
Assembléia
Avenida Rio Branco
Rua Uruguaiana
Rua
Praça Henrique Lage
Avenida Nilo Péçanha
Praça do Expedicionário
R. Castro
Carioca
Largo da Carioca
Av. Almirante Barroso
Av. Pres. Antônio Carlos
R. Mal. Aguinaldo
Nossa Senhora do Bonsucesso
Praça Antenor Fagundes
Av. General Justo
Santa Casa da Misericórdia
Rua de Santa Luzia
CASTELO
de Chile
Av. 13 de Maio
Avenida
R. Araújo Porto Alegre
Palácio da Cultura
Santa Luzia
Av. Churchill
Av. F. Roosevelt
Av. Marechal Câmara
Estação do Bonde
Rua Senador Dantas
Veiga
Praça Floriano
Graça Aranha
Praça Estados Unidos
Praça Virgílio de Melo Franco
Aeroporto Santos Dumont
Cinêlandia
Rio Branco
de Santa Luzia
Av. Presidente Wilson
Praça Itália
Trevo dos Estudantes
Praça Senador Salgado Filho
R. Evaristo da
Teatro Mesbla
Rua do Passeio
Rua
Praça do Monroe
Av. Presidente
Rua João Neves de Fontoura
Passeio Publico
Rua Mestre Valentim
Rua Jardel Jercolis
Lg. da Lapa
R. Teixeira de Freitas
Praça Deodoro
Avenida Infante Dom Henrique
Avenida Almirante Silvio de Noronha
Rua da Lapa
Praça
Avenida Beira Mar
Praça Pistoia
Monumento dos Mortos da II Guerra Mundial
LAPA
Paris
Av. Augusto Severo
Rua da Glória
Enseada da Glória
Parque
Praça Paris
Hermenegildo de Barros
Mendes
S. Coração de Jesus
Glória
do
Benjamin Constant
Lg. Pla. Cândido
Flamengo
Amaro
GLORIA
Copacabana
Rio de Janeiro
0
300 m
Tram
A B E F G H I J K L M N O P Q T V

Passos gestaltet. Zum 100-jährigen Jubiläum wurde das Theater aufwendig restauriert. Ballett, Opern und Konzerte international renommierter Künstler stehen auf dem Spielplan (Praça Floriano, Tel. (021) 2332-9191, Besuch nur mit Führung nach Vereinb.).

*Arcos da Lapa R

Über das weiß gekalkte Aquädukt wurden noch in der Kaiserzeit die Brunnen am Stadtplatz Largo da Carioca mit Frischwasser versorgt. Schon seit 1896 nutzt Rios altertümliche Trambahn das imposante Bauwerk als Brücke ins Viertel Santa Teresa.

Kathedrale São Sebastião S

Rios moderne Kathedrale kann bis zu 20 000 Gläubige aufnehmen und entstand im Vorfeld eines Papstbesuchs. Optisch sehr reizvoll sind die großflächigen Glasmosaikfenster des gewaltigen Betonkegels, die in ihren Farbtönen grün, rot, gelb und blau die Aufgaben der Kirche symbolisieren (Av. República do Chile 245, tgl. 7–18 Uhr, www.catedral.com.br).

*Convento de Santo Antônio T

Die barocke Klosteranlage der Franziskaner überragt den Stadtplatz Largo da Carioca und ist mitten im urbanen Trubel ein willkommenes Meer der Ruhe. Echt gut! Die äußerlich schlichte Kirche entstand 1608–1781 und besitzt einen vergoldeten Hochaltar und einen reich verzierten Chor (Mo bis Fr 8–18.30, Sa–So 8–11 Uhr).

**São Francisco da Penitência U

Die benachbarte Kirche Ordem Terceira São Francisco da Penitência der Laienbrüder ist einer der prächtigsten Bauten Rio de Janeiros. Der Innenraum des 2001 restaurierten Gotteshauses aus dem 18. Jh. strahlt dank überbordenden Blattgoldverzierungen und gilt als Höhepunkt der barocken Sakralkunst. Mit Manuel und Francisco Xavier de Brito sowie Caetano da Costa Coelho haben gleich drei bedeutende brasilianische Künstler an der Gestaltung der Kirche mitgewirkt (Di–Fr 9–12, 13–16 Uhr).

**Igreja Nossa Senhora da Glória do Outeiro V

Rios meist fotografierte Kirche thront seit 1714 unübersehbar auf einer kleinen Anhöhe über dem Strand von Flamengo. Sie hat einen seltenen Grundriss aus zwei Achtecken, die ineinander übergehen; ihr Eingang ist mit portugiesischen *azulejos* verziert. In einem Seitentrakt befindet sich ein überschaubares Museum sakraler Kunst (tgl. 9–12 Uhr).

Ausflug nach Santa Teresa

Mit der liebevoll »Bondinho« genannten Straßenbahn kann man vom Zentrum aus einen herrlichen Ausflug antreten. Die gelbe Tram startet vom Kopfbahnhof Largo da Carioca in der Lélio Gama Straße und durchfährt das Viertel **Santa Teresa**, in dem viele Künstler ihre Ateliers haben. Höhepunkt ist der Besuch des in einem herrlichen Garten gelegenen **Museums *Chácara do Céu** W (Mi–Mo 12–17 Uhr) oder des benachbarten Aussichtspunkts **Parque das Ruinas** X.

Echt gut!

Hotels

Copacabana Palace

Av. Atlântica 1702][Copacabana
Tel. (021) 2548-7070
www.copacabanapalace.com.br
Rios 5-Sterne-Flaggschiff der Hotellerie verfügt über ein **900 m² großes Spa und Wellnesszentrum.** Das Restaurant serviert auf Wunsch kalorienarme Kost im Ruheraum. ●●●

Echt gut!

Sheraton Rio Hotel & Resort

Av. Niemeyer 121][Praia da Vidigal
Tel. (021) 2529-1122
www.sheraton.com/rio
Unweit von Leblon, **nahezu exklusiv am Strand Vidigal gelegen,** erfüllt das Sheraton mit Park, Pool und Sportplätzen nahezu alle Erwartungen, die man mit einem Resort verbindet. ●●●

Echt gut!

Fasano

Av. Vieira Souto 80][Ipanema
Tel. (021) 3302-4000
www.fasano.com.br
Das Luxushotel wurde vom Stararchitekten Philippe Stark geplant. 91 Moderne Zimmer, herausragender Service und eines der besten Fischrestaurants der Stadt. ●●●

Praia Ipanema

Av. Vieira Souto 706][Ipanema
Tel. (021) 2540-4949
www.praiaipanema.com
Hotel der gehobenen Mittelklasse; alle 103 Zimmern haben Balkon und Meerblick. Den Gästen steht eine **Dachterrasse mit Pool, Bar und bester Aussicht** offen. ●●

Echt gut!

In Rios Künstlerviertel Santa Teresa strahlen Graffiti und andere Kunst von den Häuserwänden

Karte Seite 54

Echt gut!

Rios neue Night-Spots

Seit der Wiederbelebung des Altstadtviertels **Lápa** zieht es Einheimische aus der Mittelschicht und Brasilienreisende in die angesagten Szene-Bars und Nachtclubs im Umfeld der Praça Tiradentes.

■ **Rio Scenarium** zählt zu den Vorreitern der Aufwertung und Restaurierung des Altstadtviertels Lapa und ähnelt einem Theaterfundus. Hier sorgen Live-Bands mit Bossa, Chorinho und Samba für allerbeste Stimmung. (**Rua do Lavradio 20, Tel. (021) 3147-9005, www.rioscenarium.com.br**)

■ **Carioca da Gema** Bossa, Chorinho und Samba bestimmen auch hier das musikalische Programm. Integriert ist eine Pizzeria, die Di–Do ein Pizza-Rodízio offeriert. (**Av. Mem de Sá 79, Lapa, Tel. (021) 2221-0043, www.barcariocadagema.com.br**)

■ **Centro Cultural Carioca** tgl. Live-Musik unterschiedlichster brasilianischer Bands und Interpreten, dazu ein reiches Angebot an Tanzkursen, von Samba über Salsa bis zum Zouk, der gerade in Brasilien schwer angesagt ist (**Rua do Teatro 37, Lapa, Tel. (021) 2252-6468, www.centroculturalcarioca.com.br**).

■ **Mangue Seco** Hier gibt es Schnaps, fangfrische Krebse und Stars der Música Popular Brasiliera (**Rua do Lavradio 20, Lapa, Tel (021) 3852-1947, www.manguesecocachacaria.com.br**).

■ **Clube dos Democráticos** Mittwoch ab 22 Uhr wird hier Forró geboten (**Rua do Riachuelo 91, Lapa, Tel. (021) 8848-8889, www.clubedosdemocraticos.com.br**).

■ **Arpoador Inn**
Rua Francisco Otaviano 177
Ipanema
Tel. (021) 2523-0060
www.arpoadorinn.com.br
Zwischen Hotel und Strand hat nur ein Spazierweg Platz. ●

■ **Stone of a Beach**
R. Barata Ribeiro 111][Copacabana
Tel. (021) 3209-0348
www.stoneofabeach.com.br
Jugendherberge mit DZ und Schlafsälen, deren Preise auf den schmalen Geldbeutel junger Menschen zugeschnitten sind. ●

Restaurants

■ **Marius**
Av. Atlântica 290][Leme
Tel. (021) 2104-9000
www.marius.com.br
Holz und warme Farbtöne bestimmen das Ambiente. Schalentiere und Fleisch stammen aus ökologischen Zuchtbetrieben. Kinder willkommen. ●●

■ **Porcão (de Ipanema)**
Rua Barão da Torra 218
Tel. (021) 3389-8989
www.porcao.com.br
Stammhaus der erfolgreichen **kulinarischen Institution,** die inzwischen selbst in den USA Filialen hat. Salatbuffet und Rodízio (Gegrilltes vom Spieß) mit opulenter Vielfalt. Familienfreundlich. ●● Echt gut!

■ **Confeitaria Colombo**
Rua Goncalves Dias 32
Tel. (021) 2505-1500
www.confeitariacolombo.com.br
Die elegante Konditorei aus dem Jahr 1894 liegt im Herzen Rios. **Der Spiegelsaal, die Speisen und die livrierten Kellner lohnen die Einkehr.** (Mo–Fr bis 20, Sa nur bis 17 Uhr!). ●● Echt gut!

Unterwegs in Rios Umgebung

2 Costa Verde

Rios grüne Küste, die Costa Verde reicht bis zum barocken Kolonialstädtchen Parati. Durch die Nähe des dicht bewaldeten Gebirges Serra do Mar ist die Landschaft des gesamten Küstenabschnitts ausgesprochen reizvoll.

*Ilha Grande

Die größte Insel in der Bucht vor **Angra dos Reis** zählt zu den besonders lohnenden Zielen an der Costa Verde. Die Insel besitzt neben tropischem Grün zahlreiche Buchten mit **fast menschenleeren Sandstränden.** Fähren setzen sowohl von Angra dos Reis, als auch von Mangaratiba zur Vila do Abraão, der größten Ortschaft der Ilha Grande, über. Die Überfahrt dauert ca. 1,5 Stunden (von Angra dos Reis tgl. 15.30 Uhr, von Mangaratiba tgl. 8 Uhr und Fr. auch 22 Uhr, Tel. (021) 40043113). Auf der Insel reihen sich entlang der Rua da Praia der Vila do Abraão mehrere exzellente Fischrestaurants aneinander.

Echt gut!

Hotel

Sagú Mini Resort
Praia da Bica][Ilha Grande
Tel. (024) 3361-5660
www.saguresort.com
Luxus, Abgeschiedenheit und die Leichtigkeit des Seins in den Tropen verbinden sich hier auf besonders wohltuende Weise. ●●●

Echt gut!

**Parati

Die Intaktheit des Kolonialstädtchens Parati verdankt sich einem seltenen und seltsamen Glücksfall: Bis in die 1960er-Jahre schlummerten Hafen und Ort in einer Art Dornröschenschlaf,

Parati ist das besterhaltene koloniale Kleinod im Bundesstaat Rio de Janeiro. Viele Häuser tragen Freimaurerzeichen

Karte Seite 47

waren nach dem Versiegen der Goldströme aus Minas Gerais und dem Bau der Bahnstrecke zwischen São Paulo und Rio vollständig in Vergessenheit geraten. Inzwischen ist die autofreie Altstadt Paratis natürlich ein besonders gefragter und geschichtsträchtiger Urlaubsort an der Costa Verde.

Hotel

Pousada do Sandi
Largo do Rosário 1][Parati
Tel. (011) 2503-0195 Mo–Fr
sonst Tel. (024) 3371-1236
www.pousadadosandi.com.br
Das Gebäude aus dem 18. Jh. liegt mitten im historischen Zentrum. Es werden zwei speziell für Familien zugeschnittene Zimmer angeboten. ●●

Restaurant

Kontiki
Ilha Duas Irmãs][vor Parati
Tel. (024) 3371-1666
www.ilhakontiki.com.br
Das Restaurant liegt auf einer eigenen Insel mit aufgeschüttetem Sandstrand. Leihausrüstung zum Kajakfahren und Schnorcheln wird kostenlos gestellt, ebenso der Transfer von Parati. ●●●

*Búzios 2 und Costa do Sol

Ausländische Besucher steuern an der Costa do Sol meist direkt den mit Abstand wichtigsten Badeort, **Armação dos Búzios** an. Das ehemalige Fischerdorf erlangte in den 1960er-Jahren u.a. durch Brigitte Bardot Berühmtheit und zählt heute knapp 28 000 Einwohner. In der Hochsaison (Dez. bis März) ist der Ort ein bevorzugtes Ziel von Urlaubern aus Rio und Argentinien, die vor allem die herrlichen Strände rings um Búzios anlocken. Als schönste Buchten gelten Azeda und (zum Schnorcheln) Azedinha. Beide können zu Fuß erreicht werden.

Bequeme Schonerfahrten erreichen selbst **besonders abgelegene und schwer zugängliche Strände** wie die Praia dos Amores. Die Törns werden in allen Hotels ganzjährig angeboten. Echt gut!

Hotels

Ferradura Private
Praia da Ferradura][Rua O, Lote 4
Tel. (022) 2623-2398
www.ferraduraresort.com.br
Die Gäste der 15 luxuriösen Suiten können auch das breitere **Freizeit- und Wassersportangebot sowie den Pool des Ferradura Resorts benutzen.** ●●● Echt gut!

Maravista Pousada
Praia da Geribá
Tel. (022) 2623-2130
www.maravista.com.br
Vier Kilometer vom Ortskern entfernt. Das Haus verfügt über 13 Zimmer und fünf Suiten mit Balkon und Seeblick und bietet seinen Gästen Sauna sowie Restaurantservice am Strand. ●●

Restaurant

Satyricon
Orla Bardot 500][Búzios
Tel. (022) 2623-2691
www.satyricon.com.br
Langusten, Muscheln und Fische werden aus einem der beiden großen Aquarien inmitten des Restaurants gefischt und perfekt zubereitet. ●●

Südosten und São Paulo

Nicht verpassen!

- Den Besuch der von der UNESCO geschützten Altstadt von Ouro Preto
- Eine nostalgische Fahrt mit der Dampfeisenbahn auf der schmalspurigen Strecke zwischen São João del Rei und Tiradentes
- Aleijadinhos dramatisches Meisterwerk in Congonhas do Campo
- Eine Stippvisite in Belo Horizontes Vorzeigeviertel Pampulha

Zur Orientierung

Der Südosten ist die wirtschaftlich wichtigste Region Brasiliens: Alleine schon in den Millionenstädten São Paulo und Rio de Janeiro konzentrieren sich mehr als 40 % der Bevölkerung. Doch die Region besticht nicht nur durch ihre brodelnden Städte, sondern auch durch das faszinierende Hinterland. Der größte Bundesstaat ist die gebirgige Provinz Minas Gerais, was sich mit »Minen überall« übersetzen lässt. Der Name ist Programm: Die Provinz ist reich an Bodenschätzen und Edelsteinen, die ihr im 18. Jh. großen Reichtum brachten. Einen interessanten Kontrast dazu stellt die Provinzhauptstadt Belo Horizonte dar. In der ganz der Moderne verpflichteten, auf dem Reißbrett entworfenen Stadt mit dem »schönen Horizont«, deren Bild auch Brasiliens visionärer Architekt Oscar Niemeyer mitprägte, pulsiert das Leben. Belo Horizonte besitzt einen internationalen Flughafen und ist idealer Ausgangspunkt, um die Barockstädtchen der Region mit ihren zahlreichen goldverzierten Kirchen zu erkunden.

Die Atlantikküste São Paulo begeistert hingegen mit Bilderbuchstränden. Ein Paradies für Sonnenanbeter, Schwimmer und Taucher ist die von atlantischem Regenwald bedeckte Ilhabela mit ihren Sandstränden und Wasserfällen.

Tour im Südosten

Highlights des Tropenbarocks

(6) Belo Horizonte › Ouro Preto › Mariana › Congonhas › Tiradentes › São João del Rei › Belo Horizonte

Dauer: 4 Tage, 530 km
Praktische Hinweise: Wie fast überall in Brasilien müssen Mietfahrzeuge auch in Minas Gerais am Ausgangsort zurückgegeben werden. Die Straßen sind in vergleichsweise gutem Zustand und die Ausstattung mit Servicestationen (Reifendienst = *borracharia*) und Tankstellen ist flächendeckend. Allerdings streben alle Verkehrswege sternförmig von Belo Horizonte weg. Sie wurden ursprünglich nur für den Transport von Gütern geschaffen.

Unsere Entdeckungstour durch das Barockerbe von Minas Gerais startet in der Provinzhauptstadt **Belo Horizonte** › S. 64. Als der Goldrausch Minas Gerais erfasste, kam mit den Kolonisten der Barock nach Brasilien. Der neue Stil wurde jedoch nicht einfach nur kopiert, sondern erhielt inspiriert von einheimischen Architekten und Künstlern seine eigene unverwechselbare Ausprägung › S. 66. Die in jedem kleinen und größeren Ort zu bestaunenden prachtvollen Zeugnisse des im Gold aus den Minen der Provinz schwelgenden tropischen Barocks sind Sakralbauten.

*****Ouro Preto** › S. 65, der erste Stopp auf unserer Tour, spiegelt mit ihrer wunderbaren Einheit der Architektur die barocke Vergangenheit der Provinz am schönsten wider. Sie besitzt mehr als 20 sehenswerte Kirchen. Um wenigstens die schönsten besichtigen zu können, sollte man hier übernachten. Die bedeutendste Barockstadt Minas Gerais (etwa 100 km von Belo Horizonte entfernt) erreicht man von der Provinzhauptstadt aus über die Südtrasse der BR-040, bis dann die BR-356, auch »Rodovia dos Inconfidentes« genannt, in östlicher Richtung abzweigt. Von hier aus lohnt ein Ausflug in die ebenso bezaubernde, aber weit weniger überlaufene Nachbarstadt ***Mariana** › S. 67 – am besten lässt man sich mit dem Nostalgiezug Trem da Vale › S. 66 gemütlich dorthin schaukeln – ehe es am dritten Tag weitergeht zu den Barock-Highlights der Wallfahrtskirche von *****Congonhas do Campo** › S. 67 und dem Kolonialstädtchen ****Tiradentes** › S. 67. Von hier führt der Weg am letzten Tag über die ehemalige Goldgräberstadt **São João del Rei** zurück zum Ausgangsort der Tour, nach Belo Horizonte.

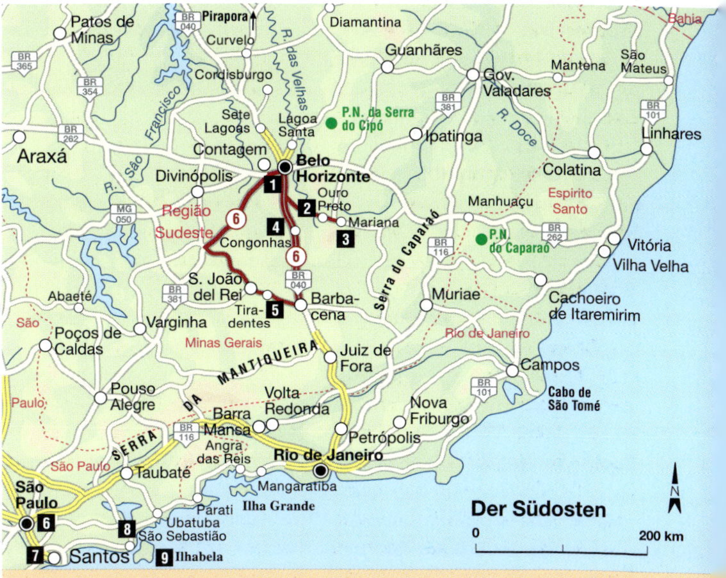

6 **Highlights des Tropenbarocks** Belo Horizonte › Ouro Preto › Mariana › Congonhas › Tiradentes › São João del Rei › Belo Horizonte

Karte Seite 63

Unterwegs im Südosten

Belo Horizonte 1

Nicht Brasília, sondern Belo Horizonte ist die erste brasilianische Stadt, die am Reißbrett entstand. Die 1892–97 schachbrettartig angelegten Straßenzüge und großzügigen Häuserblocks der Innenstadt sowie die sie diagonal und mehrspurig durcheilenden *avenidas* machen deutlich, dass hier ein komplexes und vorausschauendes städteplanerisches Konzept verwirklicht wurde. Am besten kann man das Straßensystem der Stadt von oben nachvollziehen, z.B. vom Aussichtspunkt vor dem Naherholungsgebiet **Parque das Mangabeiras** (Di–So 8–18 Uhr).

Heute leben und arbeiten 3,1 Mio. Menschen im Großraum von Belo Horizonte. Die Oberschicht residiert in ihren Anwesen rings um den **Pampulha-See**, an dem frühe Bauwerke von Oscar Niemeyer brasilianische Architekturgeschichte eindrucksvoll dokumentieren. Nach Niemeyers Plänen entstanden entlang der ringförmigen Uferstraße Avenida Otacílio Negrão de Lima Anfang der 1940er-Jahre die wunderschöne Kirche ***São Francisco de Assis** (Mo geschl.), der 2002 unter seiner Leitung renovierte und wiedereröffnete Veranstaltungskomplex **Casa da Baile** und das später zum **Museu de Arte de Pampulha** umfunktionierte Kasino (Di–So 9–19 Uhr).

Hotels

Ouro Minas Palace Hotel
Av. Cristiano Machado 4001
Ipiranga
Tel. (031) 3429-4000
www.ourominas.com.br
Das einzige 5-Sterne-Hotel der Stadt: 25 Stockwerke, 298 Zimmer, 48 Suiten. Hohe Promi-Dichte; Spitzenrestaurant, Lobby-Pianobar, Pool, Gym, Sauna und Ärzte-Service im Haus. ●●●

Liberty Palace
Rua Paraíba 1465][Savassi
Tel. (031) 2121-0900
www.libertypalace.com.br
Internationaler Standard, 94 Zimmer, zwei Restaurants, WLAN. Unweit der Praça Savassi gelegen, die zentral im gleichnamigen Ausgehviertel liegt. ●●

Restaurant

Xapuri
Rua Mandacaru 260][Pampulha
Tel. (031) 3496-6198
www.restaurantexapuri.com.br
Das Restaurant Xapuri liegt 9 km nördlich des Zentrums. Hier wird **der Charme der regionalen Küche perfekt und schmackhaft in Szene gesetzt.** ●●

Echt gut!

Shopping

Cachaça (Zuckerrohrschnaps), Käse, Fleisch, Früchte, Klöppelspitzen, Eisenwaren und Einheimische, mit denen man leicht ins Gespräch kommt: Belo Horizontes 1929 erbauter **Mercado Central** (**Av. Augusto de Lima 744, Mo–Sa 6–18 Uhr**) ist das reinste Shoppingvergnügen.

Karte Seite 63

Verkehrsmittel

Belo Horizontes internationaler Flughafen Tancredo Neves liegt ca. 45 km nördlich des Stadtzentrums. Er ist wesentlich überschaubarer als die Airports in São Paulo oder Rio de Janeiro und wird von TAP Portugal nonstop angeflogen.

3 ***Ouro Preto 2

Bei der bedeutendsten Barockstadt Brasiliens mussten die Verantwortlichen der UNESCO nicht lange überlegen: Schon 1980 erklärten sie die historische Altstadt von Ouro Preto zum schützenswerten Kulturgut der Menschheit. Die alte Goldgräberstadt erhielt diesen Status früher als jeder andere Ort in Brasilien. Heute ist die überraschend lebhafte Stadt nicht nur Anlaufstätte für die vielen ausländischen Besucher, die sich für die Schätze des Tropenbarocks interessieren, sondern auch für immer mehr Einheimische, die sich mit zunehmendem Interesse der Geschichte ihrer eigenen Unabhängigkeit widmen. Zum jungen Flair der altehrwürdigen Stadt tragen auch die Studenten der Universität (UFOP) bei.

Junge Menschen umlagern und bevölkern den zentralen Stadtplatz ***Praça Tiradentes** mit seinen Cafés und Edelsteingeschäften sowie dem Denkmal des Dragonerfähnrichs Joaquim José da Silva Xavier, meist nur kurz Tiradentes genannt. Als die treibende Kraft der separatistischen Bewegung *Inconfidência Mineira* wird Tiradentes erst seit der Unabhängigkeit von Portugal verehrt; zu Lebzeiten wurde er verraten und 1792 in Rio de Janeiro gehenkt und gevierteilt, sein abgetrennter Kopf dann in Ouro Preto zur Schau gestellt.

Gold, wohin das Auge blickt: in der Kirche Nossa Senhora do Pilar

Von der Parça Tiradentes lassen sich fast alle sehenswerten Bauwerke bequem zu Fuß erreichen. Keinesfalls darf man auf die Besichtigung der barocken Kirchen ****São Francisco de Assis**, ein Meisterwerk Aleijadinhos, und ***Nossa Senhora do Pilar** – ihr Innenraum wurde mit 434 kg Goldstaub verziert – verzichten. Ihre detailgenauen Heiligenfiguren sind bewegliche Gliederpuppen mit Echthaar-Perücken. Ein wahres Schmuckstück ist auch das ***Teatro Municipal** an der Rua Brigadeiro Musqueira (Mo bis Fr 12–18 Uhr). Das älteste Theater Brasiliens wurde 1746–69 als Opernhaus erbaut und wird bis heute für Musikdarbietungen genutzt. Wer sich für die brasilianische Unabhängigkeitsgeschichte interessiert, sollte zusätzlich die ***Casa da Câmara** besuchen. Das von einem Uhrentürmchen gekrönte Gebäude diente bis 1885 sowohl als Präfektur als auch als Gefängnis und beherbergt heute das **Museu da Inconfidência** (Di–So 12–17.30 Uhr).

Wer lieber an Bord einer **nostalgischen Dampfeisenbahn** ins ca. 20 km entfernte Mariana fahren möchte, kann das von Ouro Pretos eigens hierfür restaurierter Bahnstation aus tun (Praça Cesário Alvim, www.tremdavale.com.br, Tel. (031) 3551-7310, Fr bis So und Fei um 10 Uhr, Rückfahrt 14 Uhr).

Echt gut!

O Aleijadinho – das Krüppelchen

Die Bauwerke von Aleijadinho (1730–1814) prägen das Bild Ouro Pretos und anderer Barockstädte in Minas Gerais. Der autodidaktische **Bildhauer und Kirchenbaumeister** verlieh dem Barock in Minas Gerais seine eigenständige stilistische Handschrift und gilt als wichtigster Künstler dieser vom Goldrausch geprägten Epoche. Schon relativ früh brach bei Aleijadinho, mit bürgerlichem Namen Antônio Francisco Lisboa, eine lepraähnliche Krankheit aus. Er verlor alle Zehen und konnte sich nur noch auf Knien rutschend fortbewegen. Hammer und Meißel ließ er sich zuletzt an die verkrüppelten Handstümpfe schnallen, um seine Arbeiten zu vollenden. Trotz der Schmerzen schuf er zeitlose Werke von Weltrang. Erst als er allmählich das Augenlicht verlor, begab er sich nahezu mittellos zu seiner Schwiegertochter in Ouro Preto.

Hotels

■ **Solar do Rosário**

Rua Getúlio Vargas 270
Largo do Rosário
Tel. (031) 3551-5040
www.hotelsolardorosario.com.br
Boutique-Hotel in einem herrlichen Kolonialgebäude aus dem 18. Jh. und in Bestlage. ●●

■ **Pousada do Arcanjo**

Rua São Miguel Arcanjo 270
Tel. (031) 3551-4121
www.arcanjohotel.com.br
Hotel im Landhausstil am Ortseingang von Ouro Preto; verfügt über Pkw-Stellplätze. 24 funktional ausgestattete Zimmer. ●

Restaurant

Deguste
Rua Coronel Alves 15
Tel. (031) 3551-6363
www.restaurantedeguste.com.br
In dem geschmackvoll renovierten Café und Restaurant gibt es Buffet und Speisen à la carte. ●

*Mariana 3

Im Rahmen der Wiedereröffnung der Museumsbahn nach Ouro Preto wurde auch der im verspielten Zuckerbäckerstil gestaltete ***Bahnhof von Mariana** restauriert. Die klassischen Ziele in der Ortsmitte sind die an der ***Praça Minas Gerais** gelegene **Casa Câmara e Cadeia** (Rathaus mit Gefängnis im Untergeschoss) sowie die unmittelbar benachbarten Kirchen **São Francisco de Assis** (1763–95) und die 1999 durch einen Brand beschädigte **Nossa Senhora do Carmo** (1748 bis 1814), deren Hochaltar im Rokokostil von den Flammen verschont blieb. Ebenfalls sehenswert ist die Bischofskirche ***Basílica da Sé** (1709–60) an der Praca Cláudio Manoel, die zu den am reichsten ausgestatteten Kirchen Brasiliens zählt. 1752 erhielt sie eine vom Norddeutschen Arp Schnitger gebaute Orgel (Orgelkonzerte mit Elisa Freixo Fr 11 und So 12.15 Uhr, Tel. (031) 3557-1216). Vor den Toren von Mariana liegt die zugängliche Goldmine **Mina de Ouro da Passagem** (tgl. 9–17 Uhr). Besucher können an Bord einer Standseilbahn in einen Stollen einfahren und nachvollziehen, unter welch schwierigen Arbeitsbedingungen die Sklaven hier Gold abbauen mussten.

Congonhas 4

Die Kleinstadt Congonhas wird vom Sanktuarium *****Bom Jesus de Matosinhos** überragt. Die Wallfahrtskirche, ihre Freitreppe und ihr von Kapellen gesäumter Pilgerweg wurden von der UNESCO bereits 1985 zum Weltkulturerbe erklärt. Die aus Speckstein gefertigten 12 Propheten an der Freitreppe gelten als das wichtigste Spätwerk Aleijadinhos. Die Statuen mit ihrem apokalyptischen Ausdruck und ihrer dramatischen Haltung scheinen das jähe Erwachen aus dem Goldrausch bereits zu ahnen. Sie warnen und drohen eindringlich, künden kommendes Unheil an.

**Tiradentes 5

Das barocke Dörflein Tiradentes hat sich in den letzten Jahren völlig dem Tourismus verschrieben. Nichtsdestotrotz ist das barocke Gesamtensemble des Ortes (7000 Einw.) ohne Einschränkung einen Besuch wert. Zu den Sehenswürdigkeiten zählen der öffentliche Brunnen ***Chafariz de Sao José** aus dem 18. Jh., dessen Wasserspeier und Quellen noch immer intakt sind, die 1710–32 erbaute Pfarrkirche ****Matriz de Santo Antônio** in der Rua Padre Toledo und die vom Rokokostil geprägte ***Nossa Senhora do Rosáridos Pretos** aus dem Jahr 1708.

Hotels

Solar da Ponte
Largo das Mercês
Tel. (032) 3355-1255
www.solardaponte.com.br
Echt gut! **Stilechter kann man in Tiradentes nicht wohnen.** Das von einem Engländer geleitete Hotel inmitten eines parkartigen Gartens ist durch eine steinerne Brücke mit dem Ortskern verbunden. 18 komfortable Zimmer. ●●●

Pousada Pequena Tiradentes
Av. Governador Israel Pinheiro 670
Tel. (032) 3355-1262
www.pequenatiradentes.com.br
Das stylische Boutique-Hotel bietet 62 freundliche Zimmer und das merkantile Ambiente einer weitläufigen Ausstellungshalle. ●●●

Pousada Mãe d'Água
Largo das Forras 50
Tel. (032) 3355-1206
www.pousadamaedagua.com.br
Einfache Hotel-Pousada mit 49 Zimmern, Restaurant, Garten, Terrasse, 187 m² großem Festsaal und einladendem Swimmingpool. ●

Restaurant

Taberna Padre Toledo
Rua Direita 250
Tel. (032) 3355-2132
www.padretoledo.com.br
Familiäres Restaurant in der Ortsmitte. Spezialitäten: traditionelle Gerichte aus Minas Gerais; 150 Sitzplätze. ●

Aktivitäten

Echt gut! **In historischen Waggons mit einer schnaufenden Schlepptenderlokomotive** von Tiradentes in das benachbarte São João del Rei pendeln. Abfahrt in Tiradentes Fr–So 13 und 17 Uhr, Tel. (032) 3371-8485)

São Paulo 6

Wolkenkratzer, Bankpaläste und Industrieparks füllen die Hochebene der Metropolitanregion. Mit der Konzentration von Industriebetrieben und Niederlassungen ausländischer Firmen hat sich São Paulo zu dem wirtschaftlichen Zentrum Brasiliens schlechthin entwickelt.

Für viele Geschäftsreisende ist deshalb São Paulo das Tor zu Brasilien. Die meisten Touristen dagegen lernen nur die Flughäfen der Riesenstadt kennen, nutzen sie als Verkehrsknotenpunkt. Da die Metropole ihr Antlitz schneller ändert als jede andere Stadt in Brasilien, sind hier nur vergleichsweise wenig historische Bauwerke erhalten geblieben.

Triângulo

Die **Praça da Sé** (Metrohaltestelle: Sé) mit der neugotischen Kathedrale, markiert die Südspitze von São Paulos altem Stadtzentrum, das die Paulista meist Triângulo nennen. Das »Dreieck« wird von den Straßen Boa Vista, Direita und São Bento eingerahmt. Folgt man der Rua Boa Vista in nördlicher Richtung, so gelangt man zum ***Pátio de Colégio**. Der 1896 errichtete Nachbau einer winzigen Kapelle (tgl. 8–17 Uhr) steht genau an der Stelle, an der 1554 Jesuitenpater José de Anchieta die Stadt São Paulo gründete. Nach dem Geistlichen ist auch das zum historischen Komplex gehörende **Museu Padre Anchieta** benannt (Di–So 9–12, 13–17 Uhr).

Die Mega-City São Paulo gilt als Wirtschaftsmotor des Landes

Centro Novo

Etwas weiter westlich befindet sich die kleine Praça do Patriarca, hinter der das Fußgängern vorbehaltene **Viaduto de Chá**, das »Tee-Viadukt«, zum Nachbarviertel Centro Novo führt, das erst gegen Ende des 19. Jhs. entstanden ist. Die Brücke überspannt das zubetonierte Tal des Anhangabaú-Flusses und endet vor der Praça Ramos de Azevedo. Diesen Platz prägt die elegante Fassade des ***Teatro Municipal** (Metrohaltestelle: Anhangabaú), das von 1903–11 in Anlehnung an die Pariser Oper erbaut wurde. In gleicher Richtung verlaufend mündet die Rua Barão do Itapetininga schnurgerade in die **Praça da República** (Metrohaltestelle: República). Hier wird sonntagvormittags ein Kunsthandwerksmarkt abgehalten. Die bekanntesten und höchsten Wolkenkratzer der Stadt liegen südlich der Praça da República: das nach Plänen von Oscar Niemeyer wellenförmig geschwungene und noch immer beeindruckende **Edifício Copan** – eine Stadt in der Stadt – sowie das 1965 erbaute und 164 m hohe **Edifício Itália** (mit Panoramarestaurant im 41. Stock).

Hotels

■ **Unique**
Av. Brig. Luís Antônio 4700
Jardim Paulista
Tel. (011) 3055-4700
www.hotelunique.com.br
Star-Architekt Ruy Othake verlieh dem Luxushotel mit grandiosem Dachrestaurant die stilisierte Form eines Schiffes. ●●●

■ **Transamérica São Paulo**
Av. das Nações Unidas 18591
Santo Amaro
Tel. (011) 5693-4050
www.transamerica.com.br.
Auch Prominente logieren häufiger in diesem 5-Sterne-Luxushotel. ●●●

■ **Novotel Jaraguá**
Rua Martins Fontes 71][Centro
Tel. (011) 2802-7000
www.novohotel.com

Das Hotel im Herzen der Stadt stammt aus den 1950ern und wurde bei Eingliederung in die Novotel-Gruppe neu gestaltet: 415 Zimmer und Suiten, Restaurant und Café. ●●

■ **Pousada Dona Zilah**
Alameda Franca 1621
Jardim Paulista
Metro: Consolação
Tel. (011) 3062-1444
www.zilah.com
Gemütliche Pension mit Gourmet-Restaurant. ●

Restaurants

■ **Fasano**
Rua Vitório Fasano][Cerqueira César
Tel. (011) 3896-4000
Echt gut! **Der Inbegriff italienischer Spitzengastronomie in São Paulo.** ●●●

■ **Antiquarius**
Alameda Lorena 1884][Jardins
Tel. (011) 3064-8686
www.antiquarius.com.br
Echt gut! **Klassische Rezepte aus Portugal** bestimmen die Speisekarte, Antiquitäten das Interieur. ●●●

■ **El Tranvía Parrillada**
Rua Conselheiro Brotero 903
Santa Cecília
Tel. (011) 3664-8313
www.eltranvia.com.br
Fleisch und alle anderen Zutaten zur *parrilla* bezieht das exzellente Restaurant aus Uruguay. ●●

Santos 7

Der alte Kaffee-Umschlaghafen südöstlich von São Paulo ist heute Anlaufstelle zahlreicher Kreuzfahrtschiffe und hat sich zu einer attraktiven Stadt gemausert. Vor allem Familien lockt die komfortable Kombination aus strandnahen Restaurants, Bars, Kinos und Einkaufszentren. Nicht nur für Bahnbegeisterte einen Abstecher wert ist die 1914 in Esslingen gebaute, aber erst 1927 eröffnete und noch immer in Betrieb befindliche historische Standseilbahn (tgl. 8–20 Uhr, alle 30 Minuten), weil sich vom Klosterhügel Monte Serrat ein hervorragender Blick über die Stadt bietet.

Hotels

■ **Parque Balneário**
Avendia Ana Costa 555][Gonzaga
Tel. (013) 3201-8000
www.parquebalneario.com.br
Das beste Hotel in Santos, strandnah und verkehrsgünstig gelegen. ●●

■ **Praiano**
Av. Barão de Penedo 39
José Menino
Tel. (013) 3237-4033 und 3251-7304
www.hotelpraiano.com.br
Nettes 3-Sterne-Hotel mit genügend Stellplätzen für Fahrzeuge. ●

São Sebastião 8 und *Ilhabela 9

Wenn im Bundesstaat São Paulo von Stränden geschwärmt wird und die Rede auf das Städtchen São Sebastião kommt, sind meist die zum offenen Meer blickenden Badebuchten der vorgelagerten Insel Ilhabela gemeint. Wer allerdings zur Ilhabela übersetzen will, kommt an São Sebastião nicht vorbei, denn die Autofähren zum Eiland legen dort ab (Tel. 08 00-55 55 10, 6–23 Uhr alle 30 Min.,

23–6 Uhr jede Stunde, Fahrtdauer: 15 Min., während der Hochsaison Dez.–März und an allen Wochenenden unbedingt telefonisch reservieren).

Ist man erst einmal auf der 340 km² großen Insel angekommen, belohnen Strände à la Robinson die Schwimmer, Surfer und Taucher, denen die Anreise nicht zu weit war. Außerdem kann man sich auf der Insel in den Fluten von drei Wasserfällen – Água Branca, Laje und Toca abkühlen. Zu den schönsten Badebuchten zählen die nur per Jeep erreichbare **Praia de Castelhanos**, die nur zu Fuß (4 Std.) oder per Boot zugängige **Praia Bonete** und die wegen ihres Restaurants regelmäßig von den Ausflugsbooten aufgesuchte **Praia Jabaquara**. Bei Tauchern beliebt sind die Buchten Saco Grande und Poço sowie die nur vom Meer zugängige Praia do Fome (»Hungerstrand«), an der früher halb verhungerte Sklaven nach überstandener Atlantikpassage und vor dem Verkauf aufgepäppelt wurden.

Auf die Ilhabela gelangt man nur per Schiff

Hotels

DPNY Beach

Praia do Curral
Tel. (012) 3894-3000
www.dpnybeach.com.br
Luxushotel mit Beachclub: ein Bungalow und 29 Zimmer mit Plasma-TV und Kingsize-Betten. WLAN am Strand, Sail- und Surfboards, Leihpferde und Jachtservice. ●●●

Barulho d'Água

Rua Manoel Pombo 250
Praia do Curral
Tel. (012) 3894-2021
www.barulhodagua.com.br
Urwald umrahmt ein Apartment und sechs rustikale Suiten, die größte hat eine Fläche von 150 m² und ist mit Küchenzeile, Plasma-TV und einer zur See ausgerichteten Veranda ausgestattet. Hervorragendes Hotelrestaurant. ●●

Pousada Forte Rocha

Av. Engenho Velho 366][Feiticeira
Tel. (012) 3894-1236
www.forterochailhabela.com.br
Die Pousada wird vom Grün des Atlantischen Regenwalds umgeben und liegt in Reichweite der Strände Portinho und Feiticeira. Mindestaufenthalt drei Tage, Kinder unter 12 Jahren sind hier leider nicht erwünscht. ●

Restaurant

Famiglia Manzoli

Av. Princesa Isabel 207][Perequé
Tel. (012) 3896-5791
Die italienischen Speisen wie z.B. hausgemachte Ravioli mit Basilikum reichen leicht für zwei Personen. ●●

Salvador und Bahia

Nicht verpassen!

- Das lebhafte Barockviertel Pelourinho in Salvador
- Die traumhaften Palmenstrände der Nordküste Bahias
- Das autofreie Tropeneiland Ilha de Tinharé
- Die landschaftlichen Highlights des Nationalparks Chapada Diamantina

Zur Orientierung

Der Bundesstaat Bahia und seine Hauptstadt Salvador wurden in besonders hohem Maße von der mit den Sklaven nach Brasilien gelangten Kultur Westafrikas beeinflusst. Hier haben europäische Baumeister beeindruckende Kirchen gebaut, aber Einwohner, Lebensrhythmus, Religion, Küche, Musik und Tanz sind ganz und gar afrobrasilianische »Unikate«.

Tropisches Küstenklima, Salvadors Barockarchitektur und das reiche kulturelle Erbe afrikanischen, europäischen und indianischen Ursprungs machen Bahia ganzjährig zu einem interessanten Anlaufpunkt. Entsprechend gut ist die touristische Infrastruktur. Zentrum Bahias ist Salvador, dessen historische Altstadtviertel Pelourinho und Carmo Weltkulturerbe der UNESCO sind. Hier geht es ausgesprochen lebhaft und dynamisch zu. Die Musikszene ist kreativ und die zahlreichen Feste, insbesondere der Karneval, werden temperamentvoll gefeiert.

Wer es etwas ruhiger mag, findet in der näheren Umgebung die autofreien Inseln Tinharé und Boipheba, beide von Atlantischem Regenwald bedeckt und von traumhaften Stränden gesäumt. Ein weiterer Abstecher führt von Salvador zum idyllischen Fischerort Praia do Forte, wo es eine Aufzucht für Meeresschildkröten gibt und Törns zur Walbeobachtung angeboten werden. Da die Küste Bahias Badebuchten auf einer Länge von nicht weniger als 1000 km bietet, kann man das Strandleben dort in vollen Zügen genießen. Dafür bieten sich insbesondere die Orte entlang der Küstenstraße *Estrada do Côco* und *Linda Verde* an, wie z.B. das ehemalige Hippiedorf Arembepe.

Im Hinterland befinden sich die Kolonialstädtchen Cachoeira und São Felix. Wer noch tiefer ins Landesinnere vordringt findet mit der zerklüfteten Hochebene Chapada Diamantina ein ideales Wander- und Trekkinggebiet vor.

Touren in Bahia

Bahias Nordküste

⑦ Salvador da Bahia › Arembepe › Praia do Forte › Imbassaí › Costa do Sauípe › Salvador

Dauer: 3–4 Tage, ca. 280 km
Praktische Hinweise: Kein Küstenabschnitt Bahias ist besser erschlossen als der Norden. Von Salvador bis zur Grenze mit dem Nachbarstaat Sergipe wurde die BA-099 zu einer modernen Fernstraße ausgebaut (Maut-Station bei Jauá).

Diese Tour führt von Salvador aus die Küste entlang Richtung Norden. Der Abschnitt zwischen dem Vorort Salvadors Lauro de Freitas und der Praia do Forte wird *Estrada do Côco* (»Kokosstraße«) genannt, der weitere Verlauf *Linha Verde* (»Grüne Strecke«) – beides vermag den Reiz der von riesigen Palmenhainen gesäumten Straße aber nur annähernd zu vermitteln. Was die Strecke für Selbstfahrer so reizvoll macht: Zu (fast) jedem Strand zweigen Stichstraßen ab.

Schon der 9 km lange Strand von **Arembepe** › S. 84 liegt außerhalb der Reichweite der Busse des öffentlichen Nahverkehrs. Den Hippies, die vor Jahren den Ort Aldeia de Caratingui an seinem nördlichen Ende errichtet haben, war er Paradies, heute ist er eher Verheißung oder Versprechen auf die von Palmen gesäumten Traumstrände, die sich weiter nördlich anschließen: Barra da Jacuípe, Praia do Abaí, Genipabu und natürlich ***Praia do Forte** › S. 86, wo sich das Projeto TAMAR dem Fortbestand der Meeresschildkröten widmet und erlebnisreich darüber informiert. Die zahlreichen Hotels und Pousadas nahe dem Ortskern bieten gute Übernachtungsmöglichkeiten. **Imbassaí** › S. 86, dessen Strand sich wie eine Landzunge zwischen den Atlantik und den Rio Barroso zwängt, bietet für Familien Badefreuden in der anbrandenden See und im ruhigen Flusswasser gleichermaßen. In ***Costa do Sauípe** › S. 87 entstand in den letzten 15 Jahren ein Resort für komfortorientierte Gäste, mit unterschiedlichen Hotels und einem der schönsten Golfplätze des Landes.

Wer über die hier vorgeschlagene Tour hinaus Zeit an weiteren Badestränden der *Costa do Côco* verbringen möchte, hält einfach weiter Kurs Nord, statt nach Salvador zurückzukehren.

Das Hinterland

8 Salvador › Cachoeira › São Felix › Lençóis › Parque Nacional da Chapada Diamantina › Salvador

Dauer: 3–4 Tage, ca. 790 km
Praktische Hinweise: Es gibt verschiedenste Möglichkeiten, in die Chapada Diamantina zu gelangen. Für die Wahl eines Leihwagens (mit oder ohne ortskundigen Fahrer) spricht aber die Vielfalt der faszinierenden Landschaft der Region um Cachoeira, São Felix und Lençóis.
In den meisten Hotels in Salvador kann man den nicht benötigten Teil des Gepäcks während der Tour zurücklassen. Sonnenschutz, warme Kleidung für den Abend, feste Schuhe, Badekleidung und frühes Tanken nicht vergessen.

Die Tour führt ins Landesinnere von Bahia, und damit in eine Region, die weder den Komfort, noch die Infrastruktur der Städte an der Küste kennt. Dafür erwartet Sie dort im Nationalpark Chapada Diamantina eine berauschend schöne Landschaft, in der man ein- oder mehrtägige Exkursionen verschiedenster Art unternehmen kann.

Nach Salvador besitzt in Bahia ***Cachoeira** › S. 89 die höchste Konzentration an Barockbauwerken. Daher sollte man sich hier für die Besichtigung Zeit nehmen und eine Übernachtung einplanen, z.B. In der **Pousada do Convento**, einem ehemaligen Kloster › S. 90. Der weitere Weg führt über die markante Eisenbahn- und Straßenbrücke Dom Pedro II. zunächst nach **São Felix** › S. 89. Vorbei am winzigen Dörfchen Muritiba geht's bergan zur BR-101, die hinter dem Staudamm des Sees Pedra do Cavalo in Richtung Cruz das Almas verläuft. Nach ca. 40 km muss man die Abzweigung nach Castro Alves nehmen, bis zur Kreuzung mit der BR-116 ist es noch mal so weit und es schließen sich noch ca. 500 m bis zur Einfahrt in die BR-242 an. Dafür wird es jetzt einfacher, denn die Fernstraße führt kilometerlang, meist kerzengerade Richtung Westen. Das zu Zeiten des Diamantenrauschs reich gewordene Städtchen **Lençóis** › S. 90 ist nach ca. 395 km erreicht. Es hat einen hübschen und gut erhaltenen Stadtkern und stellt das Tor zum Nationalpark ***Chapada Diamantina** › S. 89 dar. Dort belohnen Wasserfälle, Höhlen mit und ohne Tropfstein, unterirdische Seen, Cañons und Tafelberge die weite Anreise überreich. Naturliebhaber sollten hier mindestens zwei Tage einplanen.

7 **Bahias Nordküste** Salvador da Bahia › Arembepe › Praia do Forte › Imbassaí › Costa do Sauípe › Salvador

8 **Das Hinterland** Salvador › Cachoeira › São Felix › Lençóis › Parque Nacional da Chapada Diamantina › Salvador

Unterwegs in Salvador und Bahia

***Salvador 1

Salvador war 1549–1763 die erste Hauptstadt Brasiliens; ihr historischer Kern ist ein zusammenhängendes, einzigartiges Architekturensemble aus portugiesischen Kolonialhäusern, gepflasterten Plätzen, pompösen Stadtpalästen, alten Festungen und einer Vielzahl verschnörkelter Barock- und Rokokokirchen. Architekten und Pläne der strahlend schönen Kirchen, Kapellen und Klöster mögen aus Europa stammen, die Sklaven für ihren Bau wurden aus Westafrika verschleppt. Daher haben in Salvador gut 80 % der heute hier lebenden 3 Mio. Einwohner afrikanische Vorfahren, die mystische Rituale und Götter aus Westafrika mitbrachten.

Salvador war der Hauptumschlagsplatz für Sklaven in Brasilien; bis heute ist die Stadt das Zentrum der am stärksten afrikanisch geprägten Region des Landes: Lebensrhythmus, Religion, Küche, Tanz und Musik spiegeln den kulturellen Einfluss Afrikas in facettenreicher Vielfalt wider.

Praça Tomé de Souza A

Die Anlage von Salvador mit Oberstadt (Cidade Alta) und Unterstadt (Cidade Baixa) erinnert unwillkürlich an Lissabon; selbst Standseilbahnen und einen freistehenden Aufzug haben beide Städte gemein.

In Salvador überwindet der 1872 erbaute und 1930 erneuerte ***Elevador Lacerda** den Höhenunterschied zwischen den Hafenvierteln und dem historischen Teil der Oberstadt (tgl. 5–24 Uhr). Mit ihm erreicht man die 70 m über Meer, Kais und Küstenfestungen gelegene **Praça Tomé de Souza** am schnellsten und billigsten; schöner ist die Fahrt mit der Zahnradbahn. Den Logenplatz auf dem Felsplateau nimmt die 1549 erbaute und 1919 mit Stuckadlern, griechisch inspirierten Säulen und verglaster Kuppel ausgestattete Gouverneursresidenz ***Palácio Rio Branco** ein (Besichtigung: Mo–Fr 9-18 Uhr, gratis). Von der Praca Tomé de Souza und von der ebenfalls an der Rua Chile gelegenen **Praça Castro Alves** B kann man die **Baía de Todos os Santos** (»Allerheiligen-Bucht«), den Hafen und die 1650 kreisrund ins Wasser gebaute Hafenfestung ***Forte de São Marcelo** (tgl. 9–18 Uhr) bestens überblicken. Am anderen Ende der Rua Chile lohnt das ***Portal da Misericórdia** C einen Besuch. Die von Benediktinermönchen 1697 ursprünglich als Armenhaus errichtete **Santa Casa da Misericórdia** beherbergt heute ein Museum für sakrale Kunst – das Glanzstück ist ihre 1706 entstandene Loggia mit spektakulärer Panoramaaussicht (Mo–Fr 11.30 bis 17.30 Uhr).

Candomblé

Noch in den 1940er-Jahren waren die Anhänger des Candomblé heftigen Anfeindungen ausgesetzt. Zuvor, während der Sklavenzeit, wurden viele Leibeigene gezwungen, ihrem tradierten Glauben abzuschwören und der katholischen Kirche beizutreten.

Ihre aus Westafrika mitgebrachten Orixá-Gottheiten tarnen die Afrobrasilianer bis heute mit katholischen Schutzheiligen: Der Candomblé-Gottheit **Oxalá** entspricht Jesus Christus. Wird die Rosenkranz-Madonna verehrt, ist damit immer auch **Yemanjá**, die Göttin des Meeres, gemeint und galt es beispielsweise, **Xangô**, den Gott des Blitzes, des Donners und der Gerechtigkeit zu tarnen, sprechen die Afrobrasilianer vom Heiligen Hieronymus.

Dieser von der dunkelhäutigen Bevölkerung praktizierte **Synkretismus** feiert in Bahia mitunter geradezu grotesk-witzige Urstände: Es kann beispielsweise im Rahmen der **Festa da Boa Morte** in Cachoeira › S. 89 vorkommen, dass man in den Räumlichkeiten einer katholischen Pfarrei freundlichst mit einem *banho de piponga* (»Popcorn-Dusche«) begrüßt wird, weil so angeblich böse Geister am besten ferngehalten werden. Das Nebeneinander von katholischen Glaubensvorstellungen und mehr oder minder heimlich verehrter afrikanischer Gottheiten ist feste Komponente aller Prozessionen und Kirchenfeste Salvadors. Auch in vielen der rund 4000 **Terreiros** der Barockstadt findet man die Statuen der **Orixás** in unmittelbarer Nachbarschaft katholischer Heiligenbilder. Der offensichtlichste Unterschied: Alle Orixás haben menschliche Fehler, Schwächen und Vorlieben; sie können gleichermaßen Gutes und Schlechtes bewirken.

Alle Anhänger des Candomblé glauben, dass man in **Trance** mit ihren Orixás in Kontakt treten kann. Die spirituelle Leitung der meisten Kultstätten haben Frauen inne, die männlichen Mitglieder findet man meist in profanen Funktionen – von der Geldbeschaffung bis zur Verteidigung: Die **Capoeira** › S. 19 wurde ursprünglich auch zum Schutz der Terreiros eingesetzt.

*Terreiro de Jesus D

Rings um den rechteckigen Platz Terreiro de Jesus errichteten gleich mehrere Orden beeindruckende Kirchen. Den Blick zur Allerheiligen-Bucht verstellt die ***Catedral Basílica**. Sie wurde 1657–72 von den Jesuiten als Kirche des ehemaligen Kollegs errichtet. Ihre prachtvoll ausgestattete Sakristei und die spätbarocken Seitenkapellen sind erst kurz vor der Vertreibung der Jesuiten (1759) entstanden (tgl. 8.30 bis 11.30, 13.30–17 Uhr).

Etwas versteckt hinter der Kathedrale bietet die renovierte Standseilbahn Plano Inclinado do Gonçalves eine Alternative zum Lacerda-Aufzug.

Die Nordseite des Platzes flankiert die 1709 erbaute **São Pedro dos Clérigos** (Mo–Fr 13–17 Uhr). Die Rokoko-Fassade der **Igreja de Ordem Terceira de São Domingos de Gusmão** (Mo–Fr 8–12, 14–17 Uhr), die Kirche des dominikanischen Laienordens, ziert die südöstliche Stirnseite des um den gusseisernen Springbrunnen **Fonte da Deusa da Abundância** angelegten Platzes.

**Convento de São Francisco E

An seiner Südecke mündet der Terreiro de Jesus in den von gelungen restaurierten Stadthäusern gesäumten ***Largo Cruzeiro do São Francisco**. Dessen Stirnseite wird vom barocken Kirchenportal und von den Zwillingstürmen des Klosters São Francisco begrenzt. Gotteshaus und Konvent stammen aus dem Jahr 1686. Zu den Sehenswürdigkeiten des Stifts zählt der Innenhof, denn die Wände beider Etagen seiner leider nur notdürftig restaurierten Kreuzgänge sind mit Bildfolgen aus portugiesischen *azulejos* verziert – den schönsten ihrer Art in ganz Bahia. Das überreich mit 800 kg Gold und filigranen Schnitzereien verzierte Innere der 1723 vollendeten Klosterkirche kommt während der Präsentation *Luz e Som* (»Licht und Ton«) besonders eindrucksvoll zur Geltung (Mo–Sa 8–17 Uhr, So 7–17 Uhr).

Direkt an das Franziskanerkloster grenzt, ebenfalls mit dem Portal zum Largo Cruzeiro de São Francisco blickend, die 1703 vollendete Kirche des Laienordens, die ****Igreja de Ordem Terceira do São Francisco F**. Ihr ungewöhnlich reich verziertes Portal übertrifft den steinernen Schmuck aller anderen Gotteshäuser des Landes (tgl. 8–17 Uhr).

4 ***Pelourinho- und ***Carmo-Viertel

Am **Largo do Pelourinho**, auf dem früher der Pranger für die Sklaven stand, erstrahlt heute die hellblau getünchte ***Igreja Nossa Senhora do Rosário dos Pretos G**. Ihr Name bedeutet »Kirche unserer Frau des Rosenkranzes der Schwarzen«. Sie war das erste Gotteshaus, das dunkelhäutige Sklaven betreten durften. Neben weißen Heiligenstatuen am Hauptaltar stehen schwarze

Special

Salvador – da ist Musik drin

Aufpeitschende Rhythmen

Spätestens gegen 21 Uhr ist der Tereza-Batista-Platz schwarz vor Menschen. Aus meterhohen Lautsprechertürmen dröhnen rhythmisch treibende Samba-Reggae-Rhythmen. Schon nach drei, vier Akkorden verwandelt sich der Altstadt-Innenhof in ein nächtliches Tollhaus. Verschwitzt, aber gekonnt winden sich die breit grinsenden Einheimischen durch den musikalischen Hexenkessel, durchaus lernfähig zeigen sich die hellhäutigen Touristen aus São Paulo oder Belo Horizonte. Aber für Samba-Reggae ungeübte Gringos wird der Tanz wohl auf ewig ein potenzieller Halsbrecher bleiben. Von der ausgelassenen Stimmung lassen sich aber alle gerne mitreißen. Und so geht es bis in die späte Nacht hinein.

- Axé (Samba-Reggae) beispielsweise von **Cortejo Afro** gibt's montags auf dem Largo Teresa Batista, ab ca. 21 Uhr.
- **Geronimo e Banda** geben rhythmische Salsa-Titel und melodische Pop-Songs an gleicher Stelle zum Besten; dienstags, ebenfalls ab ca. 21 Uhr.
- Einen Überblick darüber, wer gerade wann und wo spielt, kann man sich mithilfe des handlichen Programmhefts **»Pelourinho Dia & Noite«** verschaffen, das bei der Fremdenverkehrsbehörde erhältlich ist: **Bahiatursa**, Rua das Laranjeiras 12, Pelourinho, tgl. 8.30 bis 21 Uhr.

Salvadors Reichtum: Jede Menge Talent

Carlinhos Brown – Salvadors gefragtester Songschreiber – feiert als Solist und Bandleader in Brasilien wie auch international große Erfolge (www.carlinhosbrown.com.br). Bei seiner beeindruckenden Bühnenshow › S. 83 lässt sich Brown von überlieferten westafrikanischen Traditionen inspirieren. Sowohl die leichten Timbale-Trommeln, als auch die nackten Oberkörper der Musiker sind bei manchen Auftritten mit geheimnisvollen weißen Zeichen und Buchstaben bemalt. Wer genau hinschaut, wird in der Körperbemalung der Timbalada-Musiker Symbole der Candomblé-Religion › S. 79 wiedererkennen.

Die seit geraumer Zeit im In- und Ausland erfolgreichste Protagonistin des Samba-Reggae ist **Ivete Sangalo**. Sie gastiert häufig auch in Europa und in den USA (www.ivetesangalo.com.br).

Newcomer mit riesigem Erfolg sind beispielsweise die Bandmitglieder von **Vixe Mainha** (ex Afrodisíaco). Die Formation tritt von November bis März donnerstags in Alto do Andu nahe der »CAB«-Brücke auf (Tel. (071) 3205-6523.

Pelourinho – attraktiv bei Tag und Nacht

Allabendlich verwandeln sich Gassen und Plätze in Salvadors Barockviertel Pelourinho › S. 81 in beliebte Flaniermeilen und Spielstätten. Die sorgfältig restaurierte Altstadt lockt mit kleinen, peppigen Musikkneipen und lebhaften Straßencafés. Publikumsmagneten sind die nach Palmöl duftenden Spezialitäten der Küche Bahias, aber auch eindrucksvolle Theateraufführungen und vor allem die weltweit berühmt gewordenen *ensaios*, öffentliche Proben der Perkussionisten und Trommler unterschiedlicher *blocos afros*, der kulturellen Vereine der dunkelhäutigen Bevölkerungsmehrheit. Neben Salvadors *blocos afros*, wie Ilê Aiyê oder Olodum, treten im Pelourinho-Viertel auch die einheimischen Protagonisten von Jazz, Pop, Forró und Salsa regelmäßig auf.

Kein Portugiesischkenntnisse erfordert ein Besuch des **Teatro Miguel Santana**. Tanz, Folklore und die perfekte Inszenierung von Candomblé-Riten vermitteln auch ohne Textverständnis einen ersten, aber beeindruckenden Blick auf die afrobrasilianische Kultur Bahias (Rua Gregório de Matos 49, Tel. (071) 3322-1962, www.balefolcloricodabahia.com.br, Mo–Sa 20 Uhr).

an den Seitenaltären (tgl. 9 bis 18 Uhr, Eintritt frei).

Auf derselben Seite des abschüssigen Pelourinho-Platzes lockt das Restaurant der Gastronomiefachschule SENAC mit einem umfangreichen Buffet bahianischer Köstlichkeiten. Eine

Echt gut!

gute Gelegenheit, die **Speisen mit den afrobrasilianischen Namen in Augenschein zu nehmen,** statt auf Verdacht à la Carte zu bestellen (Mo–Sa 11.30–15.30, 18.30 bis 22 Uhr, So 11.30–15.30 Uhr ●).

Das Gebäude der **Fundação Casa de Jorge Amado** H dominiert den oberen Teil des Platzes. Bahias bekanntester Schriftsteller, **Jorge Amado** (1912–2001), der Geschichten von wunderschönen Mulattinnen, fleißigen Fischern, kleinen Betrügern und großen Trinkern wie kein anderer zu erzählen wusste, stiftete sein Archiv der Allgemeinheit (Mo bis Sa 9–18 Uhr, gratis).

Unmittelbar neben der Fundação Amado befindet sich das **Museu da Cidade** I mit lebensgroßen Puppen und Festroben des afrobrasilianischen Candomblé (Mo, Mi–Fr 10–18, Sa 13–17, So 9–13 Uhr).

Zusammen mit dem Pelourinho-Viertel wurde auch der Barockstadtteil rings um den **Largo do Carmo** von der UNESCO zum Weltkulturerbe erklärt. Kernstück sind die im 17. Jh. errichtete Karmeliterkirche, die Kirche des Laienordens ***Ordem Terceira do Carmo** J (Mo–Sa 9–17 Uhr) und das zum 5-Sterne-Hotel Pestana umgestaltete Stift Convento do Carmo. In der Kirche des dritten Ordens eröffnen die Sakristeifenster einen recht ungewöhnlichen Blickwinkel zum Pelourinho und auf die tagsüber sehr umtriebige Handelsstraße Baixa dos Sapateiros (»Senke der Schuhmacher«). In einem Glaskasten wird eine 1758 vom Sklaven Francisco Xavier Chagas geschnitzte Jesusfigur »O Senhor Morte« ausgestellt: Der indianischstämmige Bildhauer besetzte die täuschend echten Wunden mit Tausenden von Rubinsplittern. Der Statue verlieh er mit Ahornsaft eine samtbraune Färbung.

Cidade Baixa

Salvadors Unterstadt nimmt Hafen und Kontore auf. Sehenswerte Bauwerke sind hier wesentlich rarer als in der Oberstadt. Architektonisch interessant ist die 1549–1765 erbaute Pfarrkirche ***Nossa Senhora da Conceição da Praia** K, deren Steine als vorgefertigter Bausatz aus Portugal kamen. Ihr Inneres ziert ein 1772 von da Rocha gestaltetes Deckengemälde (tgl. 7–12 Uhr).

Der Markt für Kunsthandwerk und afrobrasilianische Kultgegenstände heißt **Mercado Modelo** L. Sein Warenangebot nimmt das frühere Zollgebäude am Hafen ein, das nach einem Brand 1984 rekonstruiert wurde (Mo–Sa 9 bis 19, So 9–14 Uhr).

*Igreja do Senhor do Bonfim M

Gut zehn Kilometer nördlich von Salvadors Zentrum thront Bahias bekannteste Wallfahrtskirche auf einer kleinen Anhöhe vor einem palmengesäumten Platz (Di–So 6.30–11, 13.30–18 Uhr). Auffällig in ihrem Inneren ist die enorme Zahl an Ex-Votos, die von Gläubigen aus Dankbarkeit für eine dem Senhor do Bomfin (dem »Herrn des guten Endes«) zugeschriebene Heilung oder Hilfe dort angebracht haben. Außerdem ist die 1746–54 errichtete Kirche das Wallfahrtsziel des wichtigsten synkretistischen Festes Bahias: Am zweiten Donnerstag im Januar ziehen **Hunderte von Candomblé-Priesterinnen in traditionell weißer Tracht** hierher. Symbolisch waschen sie im Rahmen der Lavagem do Bonfim die Freitreppe der ihnen verschlossenen Kirche; dann wird die ganze Nacht ausgelassen gefeiert. Am darauf folgenden Montag beginnt die profane Festa da Ribeira mit Musik, Tanz und viel Schnaps.

Echt gut!

- **A** Praça Tomé de Souza
- **B** Praça Castro Alves
- **C** Portal da Misericórdia
- **D** Terreiro de Jesus
- **E** Igreja e Convento de São Francisco
- **F** Igreja de Ordem Terceira do São Francisco
- **G** Igreja Nossa Senhora do Rosário dos Pretos
- **H** Fundação Casa de Jorge Amado
- **I** Museu da Cidade
- **J** Ordem Terceira do Carmo
- **K** Nossa Senhora da Conceição da Praia
- **L** Mercado Modelo
- **M** Igreja do Senhor do Bonfim

Info

Emtursa
Städtische Tourismusbehörde
Praca Municipal
Tel. (071) 3321-3127
Mo–Fr 9–18 Uhr

Tours Bahia Internacional
Largo do Cruzeiro de
São Francisco 4–6
Tel. (071) 3320-3280
www.toursbahia.com.br
Dieser deutschsprachige Service für Touristen vereint Reisebüro und Wechselstube unter einem Dach. Für Touren in die Chapada Diamantina können hier auch klimatisierte Fahrzeuge mit Chauffeur gemietet werden.

Hotels

Villa Bahia
Largo do Cruzeiro de
São Francisco 16/18
Tel. (071) 3322-4271
www.lavillabahia.com
Luxuriöses Hotel der französischen Gruppe Voygers du Monde. Hallenbad, Sauna, sehr gutes Restaurant und Personal in historischer Garderobe. ●●●

Pousada Solar dos Deuses
Largo do Cruzeiro de
São Francisco 12
Tel. (071) 3320-3251
www.solardosdeuses.com.br
Sehr gut geführtes Boutique-Hotel in einem restaurierten Stadthaus des 17. Jhs. Edles Holz, großflächige **Gemälde und Antiquitäten prägen das wohnliche Interieur.** ●●

Echt gut!

Pousada do Pilar
Rua Direita do Santo Antônio 24
Carmo][Tel. (071) 3241-2033
www.pousadadopilar.com
Terrasse mit Panoramaaussicht über die Allerheiligen-Bucht. Die einzige Pousada des historischen Stadtkerns mit Aufzug. ●

Albergue das Laranjeiras
Rua da Ordem Terceira 13
Pelourinho
Tel. (071) 3321-1366
www.laranjeirashostel.com.br
Jugendherberge im Zentrum der Stadt. Schlafräume mit Stockbetten – aber auch »Suiten«. ●

Restaurant

Sorriso da Dadá
Rua Frei Vicente 5][Pelourinho
Tel. (071) 3321-9642
Hier bekommt man die reichhaltige Küche Bahias wie *bobó de camarão, vatapá* und *moquecas.* ●●

Nightlife

Museu do Ritmo
Rua Torquato Bahia 84][Comércio
Mercado de Ouro
Tel. (071) 3242-0214
An den Sonntagen zwischen Oktober und Karneval tritt hier regelmäßig Bahias kreativster **Komponist und Songwriter Carlinhos Brown** auf › S. 80. ●●

Echt gut!

Verkehrsmittel

Der Flughafen von Salvador liegt 28 km nördlich des Stadtzentrums. Er ist aus Europa unter anderem Ziel der Direktflüge von Condor (ab Frankfurt) und TAP Portugal (via Lissabon).
Auf dem Weg zur Praca da Sé in der Oberstadt Salvadors klappert ein Zubringerbus des öffentlichen Nahverkehrs nahezu alle Hotels an den Stadtstränden ab. Zu den weiter nördlich gelegenen Resorts in Praia do Forte und Costa do Saupe bestehen eigene, exklusivere Busverbindungen.

Selbstverständlich sind mehrere Mietwagenfirmen im Ankunftsbereich des Flughafens vertreten.

Salvadors Stadtstrände

Zu den empfehlenswerten Badestränden unmittelbar vor den Toren der Stadt zählen die **Praia do Porto da Barra** und der viel besungene Küstenabschnitt bei ***Itapoã** – gut 20 km nördlich des Zentrums, unweit des Flughafens. Zwischen diesen beiden Stränden steht ein Teil von Salvadors »Bettenburgen«.

Der in nördlicher Richtung auf Itapoã folgende Strand **Flamengo** liegt auf Höhe der Dünen von Abaeté. Sein südlicher Abschnitt wird ***Stella Maris** genannt und gilt wegen seiner wuchtigen Brandung als Eldorado der Wellenreiter.

Hotels

■ **Vila Galé Salvador**
Rua Morro do Escravo Miguel 320
Praia de Ondina
Tel. (071) 3263-8888
www.vilagale.com
Luxuriöses 5-Sterne-Haus der portugiesischen Kette. ●●●

■ **Catharina Paraguaçu**
Rua João Gomes 128][Rio Vermelho
Tel. (071) 3334-0089
www.hotelcatharinaparaguacu.com.br
Die Lage und hoteleigene Tiefgarage des renovierten Herrenhauses sind ideal für Selbstfahrer. ●●

■ **Pedra da Concha**
Rua Nelson Galo 125][Rio Vermelho
Tel. (071) 3248-5552
www.pousadapedradaconcha.com.br
23 preiswerte Zimmer (allerdings ohne Minibar und TV). Familiär geführt, regionale Produkte bestimmen das Frühstück. ●

Restaurant

Yemanjá
Av. Otávio Mangabeira 4655
Praia de Jardim Armação
Tel. (071) 3641-9010
www.restauranteyemanja.com.br
Echt gut! **Seit Jahren die beste Adresse für regionale Meeresgerichte aus Bahia.** Reservieren ist an den Wochenenden unbedingt erforderlich. ●●

Nightlife

Bahia Café Hall
Av. Luis Viana Filho, Parque Metropolitano de Pituaçu
Tel. (071) 3371-0885
www.bahiacafehall.com.br
Zwischen Oktober und Karneval treten freitags einheimische Bands auf; dann verwandeln sich Restaurant und Garten in einen beliebten Tanzboden. ●●

Bahia

Arembepe 2

Das ehemalige Fischerdorf liegt ca. 25 km nördlich von Salvador am Rio Capivara. In der Nähe des Badestrands ***Praia de Arembepe** unterhält die Naturschutzorganisation »Tamar« – von *tartaruga marinha* (portug. für »Meeresschildkröte«) – eine **Aufzuchtstation für Meeresschildkröten**. Gegen eine Spende kann man eines der Tiere symbolisch adoptieren. Während des gesamten brasilianischen Sommers werden hier in der Station aufgewachsene

Schildkröten in die Brandung des Atlantiks entlassen (Dez.–Febr. tgl. gegen 17 Uhr).

Gut 2 km vom Ortskern entfernt, auf einem Kamm der meerwärts blickenden Dünenlandschaft, haben Hippies in den 1960ern die ***Aldeia de Caratingui** gegründet, die während der Flower-Power-Zeit u.a. von Janis Joplin und Mick Jagger besucht wurde. Ein Shangri-La der Blumenkinder ist Caratingui zwar längst nicht mehr, aber bis heute leben in den mit Stroh gedeckten Lehmhütten (ohne Elektrizität) fast ausschließlich Künstler und Kulturschaffende, die in einer Kooperative organisiert sind, Kunsthandwerk verkaufen und im Januar bei Vollmond ein internationales Festival alternativer Kultur organisieren.

Hotel

Bahia Plaza Hotel
Condomínio Porto Busca-Vida
Camaçari
Tel. (071) 2107-2000
www.plazahoteis.com.br
Das überschaubare Resort liegt 8 km vom Flughafen in einem **großen Areal mit tropischer Vegetation** zwischen dem Rio Joanes und einem 1700 m langen Abschnitt der Praia Busca Vida. Außerdem in Reichweite der Anlage mit großem Pool, Squash- und Tennisfeldern liegt der Badestrand Jauá. ●●

Echt gut!

Restaurant

Mar Aberto
Largo de São Francisco 43
Praia de Arembepe
Tel. (071) 3624-1257
Frischer bekommt man den Fisch kaum irgendwo. ●●

In den Holzhütten von Caratingui leben Künstler und Kunsthandwerker

Strandhütte im Tivoli Eco Resort

5 *Praia do Forte 3

Das ehemalige Fischerdorf liegt ca. 75 km nördlich von Salvador in einem vom Rio Pojuca begrenzten Naturschutzgebiet. In den letzten zehn Jahren entstanden unweit des Ortskerns zahlreiche Hotels und Pousadas.

Am Fuß des Leuchtturms hat das ***Projeto Tamar** seinen Hauptsitz zu einem kleinen Erlebnispark ausgebaut. In den Aquarien paddeln verschiedene Spezies an Meeresschildkröten, Rochen und bunt geringelte Meeresschlangen (Tel. (071) 3676-1045, 8.30–19 Uhr).

Aktivitäten

Zwischen Juli und Oktober werden hier vom ***Projeto Baleia Jubarte** Schonerfahrten (4 Std.) zur Walbeobachtung angeboten (Tel. (071) 3676-1463).

Hotels

■ **Tivoli Eco Resort Praia do Forte**
Av. do Farol][Praia do Forte
Tel. (071) 3676-4000
www.tivolihotels.com
Echt gut!
Eines der besten Ferien- und Familienhotels in Bahia. Parkartig angelegtes Areal mit 12 km Atlantikstrand, mehreren Pools, Bars, Restaurants und Kinderbetreuung. Der Spa-Bereich liegt etwas abseits und garantiert daher Ruhe und Erholung. ●●●

■ **Pousada Farol das Tartarugas**
Rua Martim Pescador
Praia do Forte
Tel. (071) 3676-1615
www.faroldastartarugas.com.br
Schöne Anlage direkt am Meer mit 15 Zimmern, elf Appartements und vier Cottages. Restaurant, Internetzugang, Pool. ●●

■ **Pousada Poto da Lua**
Rua Martin Pescador][Praia do Forte
Tel. (071) 3676-1029
www.portodalua.com.br
Die einzige direkt am Strand gelegene Pousada in Praia do Forte. 27 Gästezimmer und bewirteter Strandabschnitt. ●

Imbassaí 4

Imbassaí liegt an der Mündung des Rio Barroso, ca. 85 km nördlich des Flughafens von Salvador. Kokospalmenwälder, ein kleiner Wasserfall und unbefestigte Straßen prägen den Küstenort. Geübte Schwimmer können hier in den Wellen des Atlantiks baden. Kinder und Kajakfahrer finden **am Ufer des Rio Barroso ideale Strände ohne Brandung.**
Echt gut!

Hotel

Pousada Imbassaí
Rua da Igreja
Tel. (071) 3677-1313

www.hotelpousadaimbassai.com.br
20 Zimmer, 10 Bungalows, Restaurant und Kinderspielplatz. ●

Costa do Sauípe 5

Bei **Porto Sauípe**, ca. 95 km nördlich von Salvador, bilden Luxushotels und Apartmentanlagen eine riesige, in sich geschlossene Luxus-Ferienanlage mit 18-Loch-Golfanlage, einem Gastronomie-Viertel im Stil des Pelourinho, Palmenhain und feinsandigem Badestrand. Alle Zufahrtswege sind asphaltiert und ausgeschildert; die Anlage ist nur für Hotelgäste und -angestellte zugängig.

Hotel

Costa do Sauípe Premium
Tel. (071) 2104-7020
www.costadosauipe.com.br
Das Premium ist das beste Haus innerhalb des Sauípe-Komplex', bietet Spa und Golf-Packages. Eigener Bustransfer. ●●

Tropische Inseln

Während des Sommers auf der Südhalbkugel (Nov.–März) verkehren von Salvadors Hafen Fähren zur vorgelagerten Ausflugsinsel **Ilha de Itaparica** und Katamarane zu den autofreien Tropeninseln ****Ilha de Tinharé** und ****Ilha de Boipeba**.

Ilha de Itaparica 6

Itaparica ist Wochenendziel der Wohlhabenden aus Salvador. Die am stärksten frequentierten Strände Mar Grande und Penha liegen unweit des Ortes Vera Cruz. Am Badestrand ***Cacha-Pregos** kann man einen Bootsausflug in die Mangrovenlandschaft Pantanal Baino buchen.

**Ilha de Tinharé 7 und **Ilha de Boipeba 8

Sowohl auf der **Ilha de Tinharé** als auch auf der unmittelbar benachbarten Ilha de Boipeba gibt es kaum Straßen und keine Autos. Für den Transport von Gästen und Gepäck stehen nur Maulesel, Pferde oder Traktoren zur Verfügung; daher blieb – selbst in **Morro de São Paulo**, dem größten Ort auf Tinharé – das angenehm ursprüngliche Flair der von dichten Palmenhainen überzogenen Inseln erhalten. Tinharés Badestrände haben statt Namen aufsteigende Nummern. Der erste Strand – die unmittelbar vor Morro de São Paulo gelegene **Primeira Praia** – besitzt nur schwache Brandung und erstreckt sich unterhalb des Leuchtturms (Farol). Der ebenfalls nur 500 m lange zweite Strand – **Segunda Praia** – wird besonders von Jungen und Schönen frequentiert. Wesentlich ruhiger geht es an der ***Terceira Praia** zu; der vierte Badestrand, die ***Quarta Praia**, zieht sich mehr als 20 km weit nach Süden, reicht bis zum Rio do Inferno, der die Tinharé-Insel von der Nachbarinsel trennt.

Die von dichtem Mangroven- und Regenwald überwucherte **Ilha de Boipeba** besitzt mit der ****Praia Tassimirim** einen geradezu paradiesischen Traumstrand.

Die schwache Brandung umspielt ihn mit klarem, smaragdgrünem Wasser; ihre Wogen werden von Riffs gebrochen, in denen sich bei Ebbe natürliche Wasserbecken bilden. Bei ruhiger See ist die Anreise per Boot von Morro de São Paulo und Cairú oder Valença auf dem Festland möglich.

Hotels

■ **Villa dos Corais**
Ilha de Tinharé
3ª Praia und 4ª Praia
Morro de São Paulo
Tel. (075) 3652-1560
www.villadoscorais.com.br
Große Zimmer, Pool, eigene Landepiste; Abendessen im Restaurant Pimenta Rosa eingeschlossen. ●●

■ **Vila Guaiamu**
Ilha de Tinharé
3ª Praia][Morro de São Paulo
Tel. (075) 3652-1035
www.vilaguaiamu.com.br
Die in einem Park unter einem Palmenhain errichtete Hotel-Fazenda grenzt unmittelbar an den dritten Strand der Ilha de Tinharé. ●

■ **Pousada Tassimirim**
Praia Tassimirim][Ilha de Boipeba
Tel. (75) 3653-6030
www.ilhaboipeba.org.br/tassimirim.html
Die am Strand gelegene Pension steht unter deutscher Leitung und **veranstaltet für ihre Gäste u.a. regelmäßige Ökotouren** oder gestaltet auf Anfrage den Anreiseweg. ●

Echt gut!

Verkehrsmittel

Die schnellen Katamarane legen schräg gegenüber dem Mercado Modelo ab, beim **Terminal do Centro**

Blick von São Felix nach Cachoeira: Die Karmeliterkirche ist heute ein Hotel

 Karte Seite 75

Náutico (Av. da França 410, Comércio, Tel. (071) 3216-7045, 9, 13.30 und 14 Uhr). Die Überfahrt zur Ilha Tinharé dauert ca. 2 Std. Tickets können beim Consortio Marítimo da Bahia (Comab) bis zu 30 Tage im Voraus gebucht werden. Comab-Verkaufsschalter finden sich u.a. in Salvadors großen Einkaufszentren Barra Shopping, Iguatemi und Piedade.
Fähren nach Itaparica sind für Fahrzeuge und Passagiere ausgelegt. Sie legen an Salvadors Fährhafen **Terminal Marítimo de São Joaquim (Tel. (071) 3254-1020)** zwischen 5 und 22.30 Uhr ab. Wenn der Seegang es zulässt, pendeln die Boote in stündlichem Takt. Die Fahrtzeit beträgt ca. 55 Min.; auf der gleichen Strecke befördert auch ein Katamaran Passagiere, er benötigt nur 20 Min.

Recôncavo und Chapada Diamantina

Das an die Allerheiligenbucht grenzende Hügelland wird seit der Sklavenzeit vom Anbau von Zuckerrohr, Tabak, Obst und Gemüse, Pfeffer, Zimt und Gewürznelken bestimmt. Grund und Boden gehören den Nachfahren der Gutsherren, die mit Zucker große Reichtümer erwarben.

**Cachoeira 9 und São Felix 10

Beide Orte liegen via-à-vis am Rio Paraguaçu und werden durch die 365 m lange Eisenbrücke Dom Pedro II. miteinander verbunden. **Cachoeira**, das ehemalige Zentrum des Zuckerrohranbaus, verfügt, nach Salvador, über die höchste Konzentration an Barockbauwerken. Heute zählt das Kolonialstädtchen knapp 32 000 Einwohner und lohnt besonders mittwochs und samstags einen Besuch, dann werden früh morgens Waren per Maultier aus dem Hinterland zum Markt gebracht. Ein Stadtrundgang sollte neben den prächtigen Kolonialkirchen das ***Museu Hansen Bahia** einschließen, das Werke des norddeutschen Holzschnittkünstlers Karl-Heinz Hansen-Bahia (1915 bis 1978) zeigt (Mo, Mi–Sa 8–12, 14–17, So 9–13 Uhr).

Auch in **São Felix** (15 000 Einw.), am gegenüberliegenden Ufer, hat ein Norddeutscher Spuren hinterlassen: Der 1872 eingewanderte Bremer Kaufmann Gerhard Dannemann machte mit dem Tabakanbau und den Erlösen seiner Zigarren aus der Siedlung eine blühende Stadt, deren Bürgermeister er 1889 wurde.

Im ***Centro Cultural Dannemann** stellen Frauen aus den Tabakblättern der Region in traditioneller Handarbeit Zigarren her (Di–Sa 7–17 Uhr, Tel. (075) 3438-3716, www.dannemann.com). Neben Ausstellungen und Musikwettbewerben findet hier alle zwei Jahre die Biennale do Recôncavo statt.

Hotels

■ **Fazenda Villa Rial**
Km 42, Estrada para Santo Amaro
Tel. (075) 3602-4600
www.villarial.com.br

Im Parque Nacional da Chapada Diamantina

Ca. 19 km außerhalb von Cachoeira; 4 km unbefestigte Straße führen zu der Hotel-Fazenda, die u.a. Milch produziert.

Pousada do Convento
Praça da Aclamação, Cachoeira
Tel. (075) 3425-1716
www.pousadadoconvento.com.br
Einfache, aber zentrale Herberge in ehemaligem Kloster (17. Jh.).

*Lençóis 11

Das winzige Kolonialstädtchen Lençóis (10 000 Einw.), in dem 1844 eine Diamantenader entdeckt wurde, ist das Einstiegstor zum 152 000 ha großen **Parque Nacional da Chapada Diamantina** 12. Trekkingausflüge, Klettertouren oder Wanderungen zu Wasserfällen und Höhlen können sowohl bei allen ortsansässigen Agenturen oder in Salvador (z.B. bei Tours Bahia › S. 83) gebucht werden. Zu den sehenswertesten Zielen der nur teilweise geschützten Naturlandschaft zählen der ca. 300 m hohe Tafelberg ***Morro do Pai Inácio** an der BR-242, die Tropfsteinhöhle **Gruta do Lapão**, der 380 m hohe Wasserfall **Cachoeira da Fumaça** (existiert nicht in der Trockenzeit) und der 42 m tiefe und bei Sonnenlicht (9 bis 13 Uhr) **zauberhaft beleuchtete Höhlensee Poço Encantado** bei der Ortschaft Mucujê.

Echt gut!

Hotel

Canto das Águas
Av, Senhor dos Passos 1
Tel. (075) 3334-1154
www.lencois.com.br
Direkt am Rio Lençóis gelegen, alle Zimmer sind auf den Wasserlauf ausgerichtet. Am Wochenende viele brasilianische Ausflüglergruppen, dann entsprechend laut.

Der Nordosten

Nicht verpassen!

- Die barocken Kirchen in Olinda und Recife
- Eine Buggyfahrt in den Dünen und an den Stränden von Natal
- Eine durchtanzte Nacht in Fortalezas Pirata Bar
- Den herrlichen Sonnenuntergang in Jericoacoara

Zur Orientierung

Der Nordosten ist die Sonnenbank Brasiliens. Regen fällt nur selten und die Luft- und Wassertemperaturen laden eigentlich immer zu einem Bad im Atlantik ein, an dem sich Brasiliens schönste Strände wie Perlen auf einer Schnur reihen. Besucher erwartet hier also genau das, was einen tropischen Badeurlaub ausmacht: Palmenstrände, Sonnenschein, Bade- und Schnorchelmöglichkeiten, Brandung zum Surfen, an ruhigen Buchten ist sogar Windsurfing möglich. Außerdem findet man eine gut entwickelte Infrastruktur mit Luxusresorts oder Angebote für Exkursionen (per Buggy, zu Pferd, Esel oder Kamel) in Naturschutzgebiete, wie beispielsweise in die weitreichenden und beeindruckenden Dünenlandschaften bei Natal oder bei Jericoacora.

Die wichtigsten Städte des Nordostens konzentrieren sich entlang der Küste. Dort erstreckt sich beispielsweise die von Flüssen und Kanälen durchzogene Stadt Recife, die von den Niederländern geprägt wurde, und in Sichtweite das benachbarte UNESCO-Weltkulturerbe Olindas, dessen von portugiesischen Ordensbrüdern errichtete Barockkirchen von acht Hügeln auf den Atlantik blicken.

Natal und Fortaleza sind Touristenhochburgen mit vielen Bars und Restaurants.

Tour im Nordosten

Buggyfahrt am Litoral Sul

9 Natal › Tibau do Sul › Praia da Pipa › Natal

Dauer: 2 Tage, ca. 160 km
Praktische Hinweise: Ortskundige und vertrauenswürdige Bugueiros vermittelt in Natal jede Hotelrezeption – das Mieten von Buggys ohne Fahrer wurde aus Sicherheitsgründen untersagt. Die Touren sind individuell buchbar, d.h. man bespricht die Route und Dauer mit dem Fahrer, der einen dann im Hotel abholt. Buggys sind eng, daher kann nur das nötigste Gepäck mitgenommen werden; Sonnenschutz sollte nicht fehlen; längere Fahrten erfordern zudem ein gesundes Rückgrat.

Die Küste bei **Natal** › S. 98 ist das Eldorado brasilianischer Buggyfahrer. Bis zu tausend der Strandflitzer knattern von hier an die Sandstrände der Umgebung. Für Touristen ist es ein beliebtes Abenteuer, sich im Rennwagen-Tempo durch die bis zu 30 m hohen Dünen schaukeln zu lassen. Diese werden vom starken Wind stetig verformt und sind so ein großartiges Schauspiel der Natur.

Doch nicht nur dieses Wunder gibt es auf unserer Fahrt zu entdecken. Ein echtes Highlight und eine willkommene Unterbrechung der Buggytour ist die Lagoa Guaraíra vor dem Dorf **Tibau do Sul**. Der Mündungssee des Rio Tibau geht hier, von Kokospalmen umrahmt, in den Atlantik über. Die Buggys überqueren ihn an Bord sogenannter Balsas (winzigen Fähren, die manchmal nur ein einziges Strandfahrzeug aufnehmen können). Die Weiterfahrt folgt der Küstenlinie auf den Sandstränden. Erst kurz vor ***Praia da Pipa** › S. 99 müssen die breit bereiften Dünenflitzer kurzzeitig zurück auf asphaltierte Straßen. Dort angekommen verbringt man einen lebendigen Abend und eine geruhsame Nacht in diesem rasch wachsenden Badeort, bevor es am nächsten Morgen zurück zum Ausgangsort Natal geht.

9 **Buggyfahrt am Litoral Sul** **Natal › Tibau do Sul › Praia da Pipa › Natal**

Unterwegs im Nordosten

Recife 1

Pernambucos Hauptstadt überspannt die in den Atlantik mündenden Flüsse Beberibe, Capibaribe und Jordão mit nicht weniger als 39 Brücken. Einige der ältesten Stadtteile der über 1,5 Mio. Einwohner zählenden Hafenstadt thronen auf vorgelagerten Inseln. Gegründet wurde Recife 1537 von Seefahrern der Niederländischen Westindien Kompanie – noch heute erinnern Straßennamen, Gebäude und Küstenfestungen an die bis 1654 dauernde Anwesenheit der Holländer. Ihr bedeutendster Generalgouverneur, Johann Moritz von Nassau-Siegen, ließ in Recife bauen wie ein feudaler Landesfürst, förderte Wissenschaft und Kunst, gewährte Glaubensfreiheit und machte Pernambuco zur damals mit Abstand reichsten Provinz Brasiliens.

**Capela Dourada

Ein ganz besonderes Juwel birgt der Inselstadtteil Santo Antônio mit der 1697 erbauten »Goldenen Kapelle«. In ihrem prächtigen Innenraum wechseln sich Ölgemälde mit vergoldeten Rahmen und Simsen ab; besonders aufwendig gearbeitet sind die Seitenaltäre aus mit Blattgold überzogenem Zedernholz. Der Kreuzgang des frühbarocken Klosterkomplexes ist mit alten *azuleijos* (Keramikbildern) aus Delft und Portugal gefliest. Einige Räume des Konvents nehmen das ***Museu Franziscano de Arte Sacra** auf (Rua do Imperador, Mo–Fr 8 bis 11.30, 14–17, Sa 8–11 Uhr).

*Catedral de São Pedro dos Clérigos

Weitere Sehenswürdigkeiten im Viertel Santo Antônio sind der von Kolonialhäuschen gerahmte Kirchenvorplatz ***Pátio de São Pedro** und die 1728 erbaute Kathedrale, deren Schiff einen achteckigen Grundriss aufweist. Rokoko und Barock bestimmen den Innenraum mit Schnitzereien aus Jacaranda-Holz und vergoldeter Kanzel (Mo–Fr 8–12 Uhr).

*Basílica e Convento Nossa Senhora do Carmo

Ebenfalls in Santo Antônio, an der Praça do Carmo, lohnt ein Blick in die barocke Domkirche mit Hochaltar und Holztäfelung unter Blattgold (Mo–Fr 9–17, Sa 7–12 Uhr, So 8–12, 18-21 Uhr).

*Forte das Cinco Pontas

1643 nahm Moritz von Nassau seinen Abschied. Nur elf Jahre darauf vertrieben die Portugiesen die Niederländer endgültig aus Pernambuco, nachdem sie Recife umzingelt, belagert und zur Kapitulation gezwungen hatten. Das Küstenbollwerk Forte das Cinco

Pontas bauten sie 1677 wieder auf, allerdings nur mit vier, statt wie ursprünglich mit *cinco pontas*, fünf Ecken (Führungen Di–Fr 9–17, Sa–So 13–17 Uhr).

6 ***Olinda 2

Recifes Nachbarstadt Olinda wurde im Jahr 1537 vom portugiesischen Seefahrer Duarte Coelho Pereira am östlichsten Punkt Südamerikas gegründet. Die erste Siedlung wurde 1631 von den Holländern dem Boden gleichgemacht. Erst nach deren Vertreibung erstrahlte Olindas Altstadt in dem Glanz, den die UNESCO als Kulturerbe schützt. Die architektonischen Schätze Olindas blicken zum Atlantik, sind selbst aber wie Juwelen in die von Palmenhainen überzogene Hügellandschaft gebettet.

**Convento de São Francisco

Das Franziskanerkloster wurde 1585 gegründet und 1754 wieder erbaut. Zur barocken Abtei zählen auch die beiden Kapellen **Sant'Ana** und **São Roque** sowie die Kirche **Igreja Nossa Senhora das Neves**, die mit der besonders prächtig verzierten Kapelle des Laienordens **Capela do Ordem Terceira de São Francisco** aus dem Jahr 1811 direkt verbunden ist. Trotz einiger nicht wirklich passend ersetzten *azuleijos* und wurmstichiger Hochaltäre ist der Gesamtkomplex einen ausgiebigen Besuch wert (Mo–Fr 8–12, 14–17, Sa 8–12 Uhr).

**Basílica de São Bento

Als spätbarockes Kleinod gilt die einschiffige Kapelle des Benediktinerklosters in der Rua de São Bento. Zedernholz und Blattgold wetteifern in ihrem Innenraum um die Blicke der Besucher. Sonntags kann man in der Basilika von 10 bis 12 Uhr gregorianischen Chorälen lauschen (tgl. 8–12, 14 bis 17 Uhr, Eintritt frei).

Echt gut!

Die schönsten Badebuchten des Nordostens

Stolze 2200 Strände reihen sich an der brasilianischen Atlantikküste wie Perlen auf einer Schnur. Zu den besten Badebuchten des nordostbrasilianischen Festlands zählen:

- **Canoa Quebrada,** ehemalige Hippie-Hochburg mit lateritroten Klippen, ca. 170 km südöstlich von Fortaleza.
- **Genipabu,** feinsandiger weiter, flacher, kindergerechter Strand, 24 km nördlich von Natal.
- **Itapoã,** verfügt über Strandbars und Kioske, nur wochentags zu empfehlen, nahe Salvador.
- **Jericoacoara,** Naturparadies mit Bebauungsstopp › S. 101, ca. 300 km nordwestlich von Fortaleza.
- **Porto de Galinhas,** bei einheimischen Familien sehr beliebter Strand, **70 km südlich von Recife.**
- **Praia da Pipa**, hier wächst die Infrastruktur derzeit am schnellsten › S. 99; **85 km südlich von Natal.**
- **Praia do Forte** von schlanken Palmen gesäumter Sandstrand › S. 86, 90 km nördlich von Salvador.

*Alto da Sé

Hügelan münden mehrere Straßen Olindas in den Platz **Alto da Sé**. Bunte Marktstände und dampfende Garküchen haben zwar die »Claims« auf den Gehsteigen unter sich aufgeteilt, lassen aber genügend Raum für die weit über den Atlantik und zum Hafen von Recife reichende Aussicht. Abends füllt sich der Platz mit Leben, dann reicht die blecherne Schar der Klappstühle und -tische fast bis an die Schwelle der erzbischöflichen Kathedrale ***Igreja da Sé** (tgl. 8–12, 14–17 Uhr).

*Rua do Amparo

Restaurants, Pousadas, Bars und viele Ateliers von Künstlern säumen die Rua do Amparo und verleihen so dem Wohnviertel heitere Farbtupfer. Im Gegensatz zu Salvadors runderneuertem Pelourinho-Viertel konnten hier alteingesessene Bewohner ihr Wohnrecht wahren.

Hotels

■ **Dorisol Recife Grand Hotel**
Praia da Piedade][Recife
Tel. (081) 2122-2700
www.dorisol.com
Alle Zimmer mit Meerblick, direkter Strandzugang, Wellnessbereich mit Fitnessraum. Für die Gäste kostenloser Flughafentransfer. ●●●

■ **Shelton Inn Mar**
Praia da Piedade][Recife
Tel. (081) 2123-4343
www.sheltoninn.com.br
Terrasse und Pool dem Atlantik zugewandt. Restaurant, Sauna und Fitnessraum. 15 km vom Zentrum. ●●

■ **Pousada dos Quatro Cantos**
Rua Prudente de Morais 441
Quatro Cantos][Tel. (081) 3429-0220
www.pousada4cantos.com.br
18 Apartments, Restaurant und Pool, Internetzugang und PKW-Stellplätze. An Karneval ist man hier nahe am Geschehen. ●

Restaurants

■ **Tasca**
Rua Dom José Lopes 165][Recife
Tel. (081) 3326-6309
Portugiesische Traditionsgerichte und importierter Portwein. Mo geschlossen. ●●●

■ **Oficina do Sabor**
R. do Amparo 335][Olinda
Tel. (081) 3429-3331
www.oficinadosabor.com
Mo geschlossen
Chefkoch und Inhaber César Santos zaubert aus typischen Zutaten des Nordostens **ungewöhnliche Kreationen.** Terrasse mit Blick über Olinda. ●●

Echt gut!

■ **Trattoria Don Francesco**
Rua Prudente de Morais 358][Olinda
Tel. (081) 3429-3852
So geschlossen
Original italienische Lasagne, Ravioli, Rondelle, Gnocchi – alles haus- und handgemacht. ●

Ausflüge

Porto de Galinhas

Der beliebte Badeort Porto de Galinhas liegt südlich von Recife (80 km) und Olinda (90 km). Den gleichnamigen Strand säumen Hotels und Pousadas aller Preislagen. Die Brandung wird durch einen vorgelagerten Felsriegel

Porto de Galinhas besteht aus Hotels, Palmen, Strand und Meer

gezähmt; entsprechend stark frequentiert sind Jangada-Fahrten (Fischerboote) zu den bei Ebbe in den Riffs entstehenden natürlichen Meerwasserpools. Surfer zieht es gerade wegen des wesentlich stärkeren Wellengangs an die nächste Bucht: Maracaípe. Die beste Entspannung verspricht der nördlich von Porto de Galinhas gelegene Palmenstrand Muro Alto.

Caruaru und Alto do Moura

Zu den beliebtesten Mitbringseln aus Pernambuco zählen *caxixis* genannte Keramikfigürchen. Im Parque 18 de Maio von **Caruaru** (ca. 137 km landeinwärts) findet (Mi und Sa) ein sehenswerter Kunsthandwerksmarkt statt, die Feira Livre de Caruaru. Offenes Geheimnis ist aber, dass man die Tonarbeiten in den Ateliers des nahen Dorfs **Alto do Moura** bei den Künstlern direkt preiswerter erwerben kann. Und den Blick in die Manufakturen gibt es umsonst dazu. Unerreichte Originalität zeichnet die Tonfigürchen von Mestre Vitalino (1909–77) aus, die man im Museum **Casa do Mestre Vitalino** bewundern kann (Mo–Sa 8–18, So 8–12 Uhr).

*Oficina de Cerâmica Francisco Brennand

Fliesenfabrik, Skulpturenpark, Ausstellungsgelände und Lebenswerk eines Künstlers: Alles trifft auf die Oficina de Cerâmica Francisco Brennand zu. Das umgestaltete Fabrikgelände mit den Objekten und Skulpturen Francisco Brennands erreicht man in Várzea (20 km außerhalb von Recife, über die Av. Caxangá, Tel. (081) 3271-2466, Mo–Fr 8 bis 17 Uhr, www.brennand.com.br).

***Fernando de Noronha

Taucher finden auf der Vulkaninsel, 350 km vor dem brasilianischen Festland im Atlantik gelegen, die besten Unterwassersichtverhältnisse (bis zu 50 m). Das Atoll ist Teil eines sowohl von UNESCO als auch IBAMA geschützten Nationalparks mit entsprechend strikten Umweltschutzauflagen. Besucher bleiben selten länger als 3 bis 7 Tage, da die Gebühren für den Aufenthalt im Nationalpark täglich exponentiell ansteigen. Die Atlantikinsel kann nur per Flugzeug erreicht werden. Ab Recife fliegt die Regionalfluglinie Trip (www.voetrip.com.br) bis zu dreimal tgl. die Insel mit modernen Turboprop-Maschinen an, ab Natal 1-mal tgl. (Gewichtslimit für das Gepäck: 15 kg p. P.).

Aktivitäten

Atlantis Divers
Tel. (081) 3619-1371 und 3206-8840
www.atlantisnoronha.com.br
Die PADI-zertifizierte Tauchschule organisiert Anreise, Aufenthalt und Exkursionen.

Natal 3

Die überschaubare Hauptstadt (800 000 Einw.) von Rio Grande do Norte liegt auf einer Halbinsel zwischen Atlantik und der Mündung des Rio Potengi. Sie ist das Tor zu Dünen, Lagunen und Palmenstränden an der Küste des nur 53 300 km² großen Bundesstaats. Der Hafen von Natal besaß vor allem in der Kolonialzeit hohe strategische Bedeutung, da zwischen ihm und der Küste Westafrikas der mit ca. 4000 km kürzeste Seeweg liegt. Entsprechend heftig kämpften Portugiesen und Niederländer um die Stadt, deren Zentrum jedoch wenige Sehenswürdigkeiten aufzuweisen hat. Der Nachbarort Genipabu (ca. 24 km nördlich) und der Stadtteil Ponta Negra (ca. 15 km südlich des Zentrums) sind für Badetouristen wegen der guten Infrastruktur zu empfehlen.

*Forte dos Reis Magos

Nördlich des Zentrums wurde 1598 die Hafenzitadelle Forte dos Reis Magos (»Festung der Hl. Drei Könige«) errichtet. Nach Zerstörung wurde sie ab 1614 mit dem Grundriss eines fünfzackigen Sterns und bis zu 14 m starken Mauern vom berühmten portugiesischen Militärarchitekten Francisco de Frias Mesquita erneut aufgebaut. Dennoch hielten die Niederländer das weiß getünchte Bollwerk von 1633 bis 1654 besetzt (Praia do Forte, tgl. 8–16.30 Uhr).

Antiga Casa de Detenção

In Natals ehemaligem Gefängnis aus dem 18. Jh. hat das regionale Fremdenverkehrsamt, das **Centro de Turismo**, seinen Sitz (Rua Aderbal de Figueiredo 980, Petrópolis, Tel. (084) 3211-6218, 9 bis 19 Uhr).

In dem historischen Gebäude findet jeden Donnerstag (ab 21 Uhr) die Veranstaltung **Forró**

com o Turista statt, die einen ersten Einblick in Geschichte, Kultur und Musik der Region vermittelt.

Hotels

■ **Pestana Natal Beach Resort**
Av. Senador Dinarte Mariz
Tel. (084) 3220-8900
www.pestana.com
Sicht von den meisten Zimmern auf den Strand Barreira d'Água. Spa, Pool, Sauna und Strandservice. ●●●

■ **Atol das Rocas**
Ponta Negra
Tel. (084) 3311-3900
www.atoldasrocas.com.br
An der Bucht von Ponta Negra gelegen. Einfach und sauber. ●

■ **Pousada Peixe Galo**
Rua da Candelária 30, Galinhos
Tel. (084) 3552-2001
www.pousadapeixegalo.com.br
Echt gut! **An der ursprünglich gebliebenen Praia de Galos,** ca. 170 km nördlich von Natal gelegen. Alle Zimmer mit Klimaanlage. Pool. ●

*Praia da Pipa 4

Kaum ein Ort an der Küste des Nordostens boomte in den vergangenen Jahren ähnlich stark, nirgendwo stiegen die Grundstückspreise ähnlich schnell. Praia da Pipa ist »in« und während der Hauptsaison (Dez.–Feb. und Juni) entsprechend stark von einem jungen Publikum besucht, das hier Partystimmung zaubert.

Hotels

■ **Kilombo Villas & Spa**
Rua das Tartarugas 1
Praia da Sibaúma

Beliebt: der Strand von Praia da Pipa

Tel. (088) 3246-5534
www.kilombovillas.com
Exklusives Luxusresort in 5 km Entfernung vom Ortszentrum. Fünf stylische Ferienhäuser (200–300 m²) auf drei Stockwerken). ●●●

■ **Toca da Coruja**
Av. Baia dos Golfinhos 464
Tel. (084) 3246-2226
www.tocadacoruja.com.br
Man hat die Wahl zwischen kleinen Zimmern, teils mit Veranda, und Bungalows im Fazenda-Stil mit bis zu 120 m² Wohnfläche. Kinder unter 12 Jahren sind leider nicht erwünscht. ●●

■ **Pousada Mirante de Pipa**
Rua do Mirante 1
Tel. (084) 3246-2251
www.mirantedepipa.com.br
Von Wald umgebenes Areal. **Familienfreundliche Mehrbett-Bungalows.** Echt gut! Spielplatz, Pkw-Stellflächen. ●●

Fortaleza 5

Die moderne Skyline von Fortaleza lässt so machen Brasilianer schwärmen. Wie kaum eine andere Stadt im Nordosten, hat man hier in den letzten 25 Jahren in die touristische Infrastruktur und die Erweiterung des Flughafen investiert. Die Provinzhauptstadt (2,5 Mio. Einw.) liegt fast in der Mitte der 573 km langen Küste des Bundesstaats Ceará. Von Fortaleza aus orientieren sich Besucher und Einheimische, die in östlicher Richtung von der Costa do Sol Nascente (»Küste der aufgehenden Sonne«) und in westlicher Richtung von der Costa do Sol Poente (»Küste der untergehenden Sonne«) sprechen.

*Theatro José de Alencar

Das 1910 um einen Innenhof angelegte Art-Nouveau-Theater wurde als Metallbausatz aus Schottland bezogen und nach dem aus Ceará stammenden Schriftsteller José de Alencar (1829–77) benannt (Di–Fr 8–17, Sa, So 13–16 Uhr).

*Centro Cultural Dragão do Mar

Fortalezas jüngstes Schmuckstück ist gleichzeitig Bibliothek, Museum, Planetarium, Ausstellungs- und Veranstaltungsort. Der Komplex gilt als das größte Kulturzentrum Brasiliens (Rua Dragão do Mar 81, Tel. (085) 3488-8600, Di–Fr 8.30–21.30, Sa, So 14.30–21.30 Uhr, Eintritt frei).

Hotels

■ **Marina Park Hotel**
Av. Presidente Castelo Branco 400
Tel. (085) 4006-9595
www.marinapark.com.br
Luxushotel mit eigenem Jachthafen, Park, Pool und vier Tennisplätzen. ●●●

■ **Praia Centro**
Av. Monsenhor Tabosa 740
Praia de Iracema
Tel. (085) 3083-1122
www.praiacentro.com.br
Nur wenige Meter vom Strand entfernt; kürzlich modernisiert. Ausgezeichnetes Frühstücksbuffet. ●●

■ **Fort Mar**
Av. Beira-Mar 1160][Meireles
Tel. (085) 3219-5363
www.fortmar.com.br
Kleines und einfaches Budget-Hotel. ●

Restaurant

Cantinho do Faustino
Rua Delmiro Gouveia 1520][Varjoto
Tel. (085) 3267-5348
www.cantinhofaustino.com.br
Strandfern, aber ein anerkanntes Top-Restaurant der regionalen Küche. Hummer und Krebsgerichte erhalten durch Gewürze aus dem eigenen Kräutergarten den besonderen Pfiff. ●●

Nightlife

Pirata Bar
Rua dos Tabajaras 325
Praia de Iracema
Tel. (085) 4011-6161
www.pirata.com.br
Nachtschwärmer, die sich montags in Fortaleza aufhalten, aber nicht in die Pirata Bar tanzen gehen, haben fraglos das Beste verpasst. Längst eine Institution, bietet das nur montags geöffnete Feten-Areal die mit Abstand **beste Forró-Fete und Live-Musik unter freiem Himmel.** In der gleichen Straße haben sich zahlreiche andere Bars, Restaurants und eine Hausbrauerei mit Live-Darbietungen angesiedelt. ●●

Echt gut!

7 **Jericoa-coara 6

Jericoacoara: Wo die Sandwüste ans Meer grenzt

Das ehemalige Fischerdorf (ca. 15 500 Einw.) wird von den feinsandigen Stränden und mehreren Reihen 30–50 m hoher Wanderdünen umgeben. Raumgreifende Kronen von Tamarinden und schlanke Kokospalmen spenden im Ort Schatten. Jericoacoara grenzt an die Badestrände Enseada und Malhada, das fotogene Wahrzeichen des Orts ist die **Perda Furada**, ein bei Flut vom azurblauen Atlantik umspielter Felsbogen.

Der Ort wuchs in den letzten Jahren durch den Tourismus sehr stark, doch inzwischen sind die Umweltschutzbestimmungen so streng, dass der landschaftliche Reiz des Küstenabschnitts und der Charme des Orts wahrscheinlich erhalten werden können. Die Anreise vom ca. 320 km entfernten Fortaleza ist per Bus oder Mietwagen möglich, allerdings muss man die letzten Kilometer in **Jijoca de Jericoacoara** in einen Geländewagen umsteigen, um das letzte, immer wieder von Wanderdünen eingenommene Teilstück der Strecke zu meistern. Mit normalen Straßenfahrzeugen direkt erreicht werden kann der benachbarte Küstenort **Camocim**.

Hotels

Boa Vista Resort

Av. Beira-Mar][Camocim
Tel. (088) 3621-9888
www.boavistaresort.com.br

Luxuriöses Resort an der Costa do Sol Poente: 34 km liegen zwischen Jericoacoara und Camocim; die Strecke wird zum Abenteuer, wenn man sie per Buggy zurücklegt. ●●●

Pousada Vila Kalengo

Rua do Forró 655][Jericoacoara
Tel. (088) 3669-2289
www.vilakalango.com.br

Wer auf einen Fernseher im Zimmer verzichten kann und Interesse für die verschiedenen Surfsportarten mitbringt, wird sich hier bestimmt wohlfühlen. ●●

Jeri Athome

Rua Principal s/n][Jericoacoara
Tel. (088) 3669-2078
www.jeriathome.com

Familiäres, gut geführtes und dazu noch preiswertes Guesthouse unter deutschsprachiger Leitung. Reservierung ist ratsam. Drei Gehminuten zum Strand. ●

Am Amazonas

Nicht verpassen!

- Sich bei einem Besuch des spektakulären Teatro Amazonas im tiefsten Urwald in die Belle Epoque zurückversetzen lassen
- Einen mehrtägigen Dschungel-Aufenthalt in einer Amazonas-Lodge
- Das Encontro das Águas, wo sich die schwarzen Wasser des Rio Negro mit den weißen Fluten des Rio Sohimoes zum Rio Amazonas vereinigen
- Sich am traumhaften Flussstrand von Alter do Chão am Rio Tapajós wie Robinson Crusoe fühlen

Zur Orientierung

Der Amazonas – ein Mythos. Schon der Name lässt unwillkürlich Bilder von verschlungenen Wasseradern, gesäumt von undurchdringlichem Dschungel, von Schwüle, Hitze und einer Flora und Fauna, an der man sich nicht satt sehen kann, vor unseren Augen entstehen. Amazonien folgt seinen eigenen Gesetzen: Das tropisch-schwüle Klima und die extrem hohe Luftfeuchtigkeit, an die man sich erst gewöhnen muss, der Wechsel zwischen samtschwarzer Dunkelheit und gleißender Helligkeit binnen weniger Augenblicke, der Rhythmus des Lebens, der vom Wasser diktiert wird. Die traditionellen Verkehrswege der Region sind der Amazonas und seine Neben- und Zuflüsse, denn sie sind bis heute konkurrenzlose Wasserstraßen. Da im tropischen Regenwald der Bau und Unterhalt von Flugplätzen weniger Mittel verschlingt als Straßen, sind letztere im Amazonasbecken entsprechend sporadisch vertreten. Mitten im Amazonasgebiet liegt die ehemalige Kautschukmetropole Manaus, heute Ausgangspunkt der Exkursionen in den noch immer größten Regenwald der Welt.

An Touristen stellt ein Besuch der Amazonasregion schon in der Vorbereitung die höchsten Anforderungen: Beratung durch einen Tropenmediziner und guter Impfschutz sind unumgänglich.

Touren in der Region

Amazonas-Kreuzfahrt

(10) Belém › Bréves › Gurupá › Monte Alegre › Santarém › Óbidos › Jurutí › Parintins › Manaus

Dauer: 5-6 Tage; evtl. Verschiebungen je nach Wasserstand Belém › Bréves ca. 18 Std. Fahrzeit; Bréves › Gurupá ca. 12 Std. Fahrzeit; Gurupá › Monte Alegre ca. 20 Std. Fahrzeit; Monte Alegre › Santarém ca. 10 Std. Fahrzeit; Santarém › Óbidos ca. 15 Std. Fahrzeit; Óbidos › Jurutí ca. 7 Std. Fahrzeit; Jurutí › Parintins ca. 10 Std. Fahrzeit; Parintins › Manaus ca. 22 Std. Fahrzeit; Verlängerung möglich: Manaus › Iquitos bis zu 8 Tage.

Praktische Informationen: Für Reisen auf dem Amazonas stehen sowohl einfachste Flussboote, als auch luxuriöse Kreuzfahrtschiffe zur Wahl. Plätze an Bord internationaler Kreuzfahrtschiffe müssen mit teils erheblichem zeitlichem Vorlauf gebucht werden. Einen Überblick über die Passagierschiffe, die diese Strecke befahren, bietet der Kreuzfahrten-Pool auf seiner Website (www.kreuzfahrten-pool.de/

amazonas-114-DST-1.html).
Wer nur einzelne Etappen zurücklegen möchte und sich an mangelndem Komfort nicht stört, kann natürlich auch mit den Amazonasbooten der Einheimischen mitfahren. Diese Tickets können beispielsweise in Belém do Pará, bei der winzigen Verkaufsstelle von Macamazon gelöst werden (Av. Castilhos França 730, Ecke Av. Presidente Vargas, Tel. (091) 3222-5604).
Für alle Flussdampfer gilt: Wer möglichst viel von Land und Leuten sehen möchte, sollte unbedingt flussaufwärts fahren, denn nur bei der Fahrt gegen die Strömung bleiben die Schiffe in der Nähe des Ufers – und bieten so den besten Blick auf die Landschaft und Siedlungen entlang der Strecke.

Erste brasilianische Anlaufstelle internationaler Amazonaskreuzfahrtschiffe und Anlegehafen der einheimischen Flussdampfer ist die gemütliche Hafenstadt **Belém** › S. 109. Die zu einer Flaniermeile mit Restaurants umgestalteten Kais der **Estação das Docas sollte man sich hier ebenso wenig entgehen lassen wie den Besuch des exotischen Marktes *Ver-o-Peso. Die meisten Schiffe verlassen Belém gegen Abend und passieren am folgenden Mittag die Gezeitenkanäle bei **Bréves**, die teilweise so eng sind, dass man auch an Bord der hier nur langsam manövrierenden Hochseedampfer die Zurufe der an den Ufern lebenden Menschen hören kann. Längst nicht alle Schiffe stoppen in **Gurupá**, einem Hauptumschlagsplatz der hier gewonnenen Palmherzen oder in der Kleinstadt **Monte Alegre**, wo

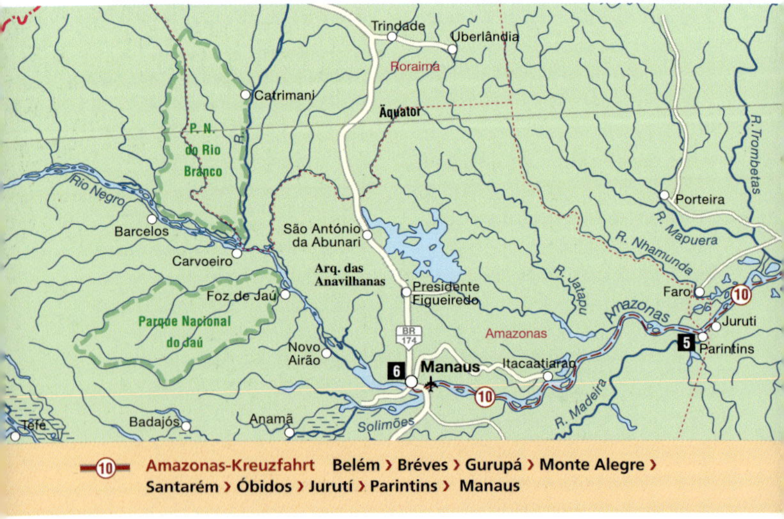

(10) **Amazonas-Kreuzfahrt** Belém › Bréves › Gurupá › Monte Alegre › Santarém › Óbidos › Jurutí › Parintins › Manaus

Höhlen, steinalte Felszeichnungen und von Wind und Wetter gemeißelte Monolithen durchaus einen Blick verdient hätten. Fast alle Passagierdampfer werfen jedoch in **Santarém** › S. 113 Anker: Wird die Fahrt hier unterbrochen, sollte man einen Ausflug an den Badestrand **Alter do Chão** › S. 114 unternehmen. Beim Bischofssitz **Óbidos** durchfährt man die engste und tiefste Stelle des Amazonas, mit **Jurutí** passiert man ein Städtchen, das auf eine indianische Siedlung der Munduruku zurückgeht. **Parintins** › S. 113, das in ganz Brasilien für sein prächtiges und ausgelassenes Foklorefestival berühmt ist, liegt bereits auf dem Territorium des Bundesstaats Amazonas, dessen quirlige Hauptstadt ***Manaus** › S. 115 in ca. fünf bis sechs Tagen nach Reiseantritt in Belém erreicht wird. Größere Kreuzfahrtschiffe, wie beispielsweise die auf 470 Passagiere ausgelegte MS Alexander von Humboldt II., müssen von hier die Rückreise antreten. Die Amazonasboote der einheimischen Reeder und kleinere Hochseedampfer, wie die für 456 Gäste geeignete FTI Berlin, fahren hingegen stromaufwärts sogar bis ins peruanische Iquitos weiter.

Rustikale Inselfreuden

(11) Belém (Busbahnhof) › Salinópolis oder Ilha do Algodoal › Belém

Dauer: 3–5 Tage, 500 km
Praktische Hinweise:
Der Küstenort Salinópolis und die Insel do Algodoal sind per Landstraße gut zu erreichen. Wer mit dem Bus anreist, sollte unmittelbar nach der Ankunft den Sitzplatz für die Rückfahrt

(11) **Rustikale Inselfreuden**
Belém › Salinópolis › Ilha do Algodoal › Belém

reservieren. Vorsicht mit Leihwagen: Die Einheimischen parken in Salinópolis zwar in breiter Phalanx am Strand – sie wissen aber auch, wann die Flut kommt! Ein bewachter Parkplatz ist überall anzuraten. Sonnenschutz und -brille sollte man gerade nahe am Äquator immer mitführen.

Die Küstenorte nördlich von **Belém** › S. 109 sind bei Einheimischen ein beliebtes Ziel für ein verlängertes Wochenende. Früh aufstehen lohnt sich bei dieser Tour, will man die ca. 230 km lange Strecke von Belém nach Salinópolis nicht während der größten Hitze angehen. Bei der Ortschaft Capanema zweigt eine schmale Stichstraße von der BR-316 nach **Salinópolis** › S. 112 ab. Wer seine Getränkevorräte nochmals auffühlen möchte, sollte dies vor dem Verlassen der Fernstraße tun, denn auf den letzten 75 km gibt es keine Möglichkeit mehr dazu. Das saubere und kristallklare Meerwasser des Badeortes mit den paradiesischen Stränden lädt zum Baden und Relaxen ein und die zahlreichen Hotels im Ort bieten gute Übernachtungsmöglichkeiten.

Wem diese Strände noch nicht abgelegen genug sind, der darf sich auf die **Ilha do Algodoal** freuen. Von Capanema aus und via Castanhal geht es nach Marudá. Dort lässt man das Auto stehen und setzt mit Fischerbooten innerhalb von 40 Minuten auf die autofreie Insel über. Der Straßenverkehr in dem ehemaligen Fischerort Vila do Algodoal ist von Fahrrad, Sackkarre und Ochsen- oder Eselfuhrwerk geprägt. Strom wird auf der Insel mit Generatoren gewonnen. Zur Übernachtung bietet sich beispielsweise die Pousada Chalés do Atlântico (Vila do Algodoal, Tel. (091) 3854-1114, ●) an. Die Unterkünfte auf der Insel sind generell rustikal bis spartanisch. Belohnt wird die Anreise aber durch feinsandige Strände wie die Praia da Mococa (2,5 Stunden Fußmarsch) oder die Praia da Princesa, die über Kioske und eine Süßwasser-Lagune verfügt und bei Ebbe (1,5 Stunden Fußmarsch) per pedes zu erreichen ist. Bei Flut dagegen erreicht man die Praia nur per Kajak ab Vila do Algodoal. Direkt vor der Haustür liegt die hufeisenförmige Praia Vila do Algodoal, mit vergleichsweise schwachem Wellengang. Genügend Möglichkeiten also, um nach ein paar genüsslichen Strandtagen ganz entspannt nach **Belém**, dem Ausgangsort der Tour, zurückzukehren.

Verkehrsmittel

Flughäfen

Die wichtigsten Airports am Amazonas sind Manaus, Belém und Santarém. Sie werden von TAM und GOL angeflogen.

Busse

Von Beléms Busbahnhof fahren Fernbusse in den Nordosten. Einfachere Busse pendeln mehrmals täglich zwischen Belém und Salinópolis.

Leihwagen

Leihwagen sind in Belém vergleichsweise teuer.

Special

Regenwald zum Kennenlernen

Heiß, stickig und voller Insekten – in den meisten Köpfen ist der tropische Dschungel ein Ort, an dem sich allenfalls verschrobene Schmetterlingsforscher gerne aufhalten. Gar mit Kindern in den Regenwald? Für viele Eltern wohl eine ziemliche Horrorvorstellung, die sie eher mit einer Notlandung, als mit Urlaub in Verbindung bringen. Nur wenige wissen, dass die gefürchteten Malariamoskitos entlang den an Nährstoffen armen, aber an Huminsäure reichen Schwarzwasserflüssen gar keine Lebensgrundlage finden und dass es am Amazonas ganz unterschiedliche Flusslandschaften, riesige Inseln, umtriebige Millionenstädte und sogar feinsandige Badestrände gibt.

Der Marajó-Büffel

Schwergewichtige Wasserbüffel bestimmen das Bild auf der **Ilha de Marajó** **1**. Es geht die Legende, dass im Jahr 1920 ein Schiff mit einer Büffelladung aus Indien vor der Küste sank und sich eine kleine Herde auf die Ilha de Marajó retten konnte. Die heutigen schwarzen Marajó-Büffel sind demnach die Nachfahren dieser Glückspilze aus Indien. Und was den Respekt angeht, der ihnen von den Inselbewohnern entgegengebracht wird, so stehen sie ihren indischen Verwandten in nichts nach: Sie haben immer und überall Vorfahrt, und obgleich der Mensch sie als Zug-, Last- und Reittier nutzt, werden sie fast wie Familienangehörige behandelt.

Niemals steht er ihnen im Weg. Die Büffel sind für ein Leben auf der Insel geradezu prädestiniert. Mit ihren breiten Hufen sind sie – auch mit Reiter – ausgezeichnete Schwimmer und können sogar während der Regenzeit tauchen, um die unter Wasser stehenden Felder abzuweiden. Sie sind äußerst genügsam und ihr dickes, dreischichtiges Fell wehrt sogar Parasiten und Schlangenbisse ab. Die Büffel sind so zuverlässig, dass es sogar berittene Polizeieinheiten gibt, was der Bezeichnung Bulle eine völlig neue Bedeutung gibt.

Amazoniens schönster Strand ...

... heißt **Alter do Chão** › S. 114 und nimmt in den trockenen Monaten (Aug.–Nov.) eine ca. 1 km lange Flussinsel am klaren Rio Tapajós ein, 38 km südwestlich von **Santarém** › S. 113. Am bequemsten nähert man sich dem weißen Sandstrand und von Kiosken, Schirmen und Liegestühlen gesäumten Badeplatz per Boot – genau wie den weiträumigen Flussauen nördlich von Santarém, die von den Nebenarmen des Amazonas umschlossen werden.

Santarém Tur
Tel. (091) 3522-4847
www.santaremtur.com.br
Die Tourismus-Agentur ist spezialisiert auf individuelle Exkursionen in dieser einzigartigen Lagungen- und Flusslandschaft.

Pauschalreise in den Atlantischen Regenwald

Die **Mata Atlântica**, Brasiliens Atlantischer Regenwald, übertrifft selbst den Amazonas-Dschungel noch an Artenvielfalt. Bei Ankunft der Portugiesen überzog dieser Urwald noch nahezu das gesamte Küstengebirge zwischen Santa Catarina und Bahia, aber tatsächlich nur 4 % des einzigartigen Biotops konnten ins 21. Jh. gerettet werden.

Die Pousada Salve Floresta, auch als »Regenwaldakademie« bekannt, hat es sich zum Ziel gesetzt, die Mata Atlântica nicht zum Auslaufmodell werden zu lassen, sondern nachhaltig und ökologisch sinnvoll zu nutzen. Sie zeigt Einheimischen durch entsprechende Kurse neue Verdienstmöglichkeiten auf und ermöglicht gleichzeitig Pauschaltouristen ungewöhnlichen Einblick in Flora und Fauna des Bergregenwalds. Informationen erteilt der:

Münchner Verein Salve Floresta e.V.
Tel. 089/123 26 77
www.salvefloresta.com

Unterwegs am Amazonas

Belém 2

Belém do Pará ist mit einer Bevölkerung von 1,42 Mio. Menschen die größte Stadt am Äquator. Selbst der Großraum von Honolulu erreicht die Einwohnerzahl der Hauptstadt von Pará nicht. *Pará* heißt bei den Tupinamba-Indianern Wasser und davon gibt es an der Mündung des wasserreichsten Flusses der Welt genug. Klimatisierte Luxusliner und einfache Flussdampfer legen zu Fahrten in den Urwald ab. Obwohl immerhin 140 km vom Atlantik entfernt, war und ist Belém (Bethlehem) der wichtigste Ausfuhrhafen für tropische Produkte. Während des Kautschukbooms im 19. Jh. prosperierte die Stadt, einige Bauwerke im Zentrum erinnern noch heute an diese Epoche.

*Teatro da Paz

Die Avenida Presidente Vargas war ursprünglich als Prachtstraße angelegt, heute werden ihre breiten Trottoirs fast vollständig von den Pflasterauslagen der Straßenhändler eingenommen. Aus der großen Zeit des zentralen Boulevards stammen die parkartig angelegte Praça da República und das im Jahr 1878 eingeweihte neoklassizistische Teatro da Paz. Heute dient das »Theater des Friedens« vor allem im August während des Opernfestivals als Spielstätte (900 Plätze, Tel. (091) 4009-8750, Führungen stündlich Di–Fr 9–13 Uhr).

*Basílica de Nazaré

Ab dem zweiten Oktobersonntag ist die 1909 erbaute Basílica de Nazaré Ausgangspunkt und Ziel

In Belem legen Schiffe für eine Fahrt auf dem Amazonas ab

Echt gut!

Exotische Tropenfrüchte

Brasilianische Hotels servieren zum Frühstück immer tropische Früchte. Selbst in den bescheideneren Unterkünften werden **abacaxi** (Ananas), **melancia** (Wassermelone) oder **mamão** (Papaya) gereicht. Wer neugierig auf exotischere Vitaminlieferanten geworden ist, sollte in Saft-Bars, Eisdielen oder an Marktständen folgende Früchte probieren:

- **Açai** – die purpurfarbene Palmfrucht wird als Saft oder Püree verzehrt oder zu Eis verabreitet.
- **Açerola** – diese Kirschen enthalten 100-mal mehr Vitamin C als Orangen und können auch zu Speiseeis verarbeitet werden.
- **Bacuri** – die Schale dieser Frucht erinnert an eine Mango; aus den weißen, weichen Kernen im Innern werden mit viel Zucker Cremespeisen, Kuchen und Eis gemacht.
- **Caju** – den an einen Apfel erinnernden Fruchtstiel der Cashewnuss nennen die Einheimischen *popa*; sie schätzen ihn roh, da sein Genuss Halsschmerzen lindert oder als Geschmacksgeber für eine Eissorte dient. Die Nüsse werden geröstet und gesalzen verzehrt.
- **Cupuaçu** – zählt zu den beliebtesten Früchten Amazoniens. Ihr säuerlicher Geschmack verleiht Süßspeisen, Kompott, Eis, Bonbons und Likör exotischen Reiz.
- **Graviola** – die Stachelannone wird für Cocktails, Cremespeisen und Eis verwendet.
- All diese Eissorten kann man in Beléms viel besuchter Eisdiele **Cairú,** Estação das Docas, probieren.

des größten religiösen Fests Amazoniens, der Prozession »Círio de Nazaré«. Hunderttausend Gläubige pilgern aus dem Amazonasgebiet zu diesen zweiwöchigen Feierlichkeiten, in deren Mittelpunkt eine Marienstatue steht, die zunächst per Schiff bis nach Icoaraci eskortiert wird und – beim Höhepunkt des Fests – von einer ekstatischen Masse durch die Straßen von Belém begleitet wird.

Die Türme der Basilika überragen selbst das Riesenrad auf dem meist für profane Feste genutzten Kirchenvorplatz, der Praça Justo Chermont. Ihr Innenraum ist mit Gold und Marmor aus Carrara verziert.

*Markt Ver-o-Peso

Ab den frühen Morgenstunden löschen Holzboote am Kai des Marktes Ver-o-Peso ihre Ladung. Vor allem Fisch, aber auch Krebse aus den Mangroven und Körbe mit Palmfrüchten wie Açai von der Marajó-Insel. In und vor der eisernen Markthalle aus dem 19. Jh. werden an zahlreichen Ständen aber auch tropische Gewürze und Essenzen, Kräuter und Kunsthandwerk, Speisen und Getränke, Glücksbringer und Medizinpflanzen angeboten. Achten Sie aber auf Taschendiebe!

*Estação das Docas

Beléms angesagteste Flaniermeile ist die Zeile der restaurierten und umgestalteten Speicher und Kais der Estação das Docas am Ufer des Rio Guajará. Sie sind ein

Auf dem Markt Ver-o-Peso gibt es frischen Fisch und exotische Früchte

beliebter Treffpunkt mit Kulturzentrum, zahlreichen Restaurants und Bars, einer Hausbrauerei sowie die Ab- und Anlegestelle von Ausflugsbooten (Di, Mi 10–24, Do–Sa 10–3, So 9–22 Uhr).

*Forte do Presépio

Beléms Hafenzitadelle aus dem Jahr 1616 bietet den schönsten Blick auf das bunte Treiben an den Kais. Die Kanonen bewehrte Festung an der Praça Frei Caetano Brandão nimmt ein kleines Museum ein, das unter anderem indianische Marajoara-Keramiken zeigt (Di–So 10–16 Uhr).

Hotels

■ **Crowne Plaza Belém**

Av. Nazaré 375][Nazaré
Tel. (091) 3202-2000
www.crownebelem.com.br
Bestes Hotel der Stadt, im Zentrum gelegen. Es vergügt über Fitnessraum, Sauna und Pool. ●●●

■ **Hilton Belém**

Av. Pres. Vargas 882
Praça da República
Tel. (091) 4006-7000
www.hilton.com
Gehobenes Hotel in zentraler Innenstadtlage. Die Zimmer wurden unlängst mit WLAN versehen. ●●●

■ **Vila Rica Belém**

Av. Júlio César 1777][Val-de-Cans
Tel. (091) 3212-2000
www.hotelvilarica.com.br
Zweigeschossiger Bau in tropischer Gartenanlage, 9 km außerhalb der Stadt. ●

Restaurants

■ **Lá em Casa**

Boulevard Castilhos França
Estação das Docas
Tel. (091) 3212-5588
www.laemcasa.com
Küchenchef Paulo Martins hat das elterliche Restaurant übernommen. Die **regionalen Rezepte** für *pato no tucupi* (Ente), *maniçoba* (Eintopf mit

Echt gut!

Bei Santarém mischt sich der blaue Rio Tapajós mit dem Amazonas

Fleisch), *pirarucu ao leite de côco* (Fisch in Kokosmilch), *filé com castanhas* (Rinderfilet mit Nüssen) hatte schon seine Mutter perfektioniert. ●●

■ **Dom Giuseppe**
Av. Conselheiro Furtado 1420
Batista Campos
Tel. (091) 4008-0001
Inhabergeführtes italienisches Restaurant u.a. mit exzellentem Vorspeisen- und Salatbuffet. ●●

Salinópolis 3

Salinópolis ist der bevorzugte Badeort der gehobenen Mittel- und Oberschicht Beléms und verfügt über sauberes Meerwasser und breite, bei Ebbe endlos scheinende Sandstrände. Der Ferienort zählt kaum 42 000 Einwohner, platzt aber in den brasilianischen Schulferien – im Juli – aus allen Nähten. Keines der zum Meer blickenden Hotels darf die Palmen überragen, die bestehenden Hotels sind auch auf Familien mit kleineren Kindern eingerichtet. Die entlegensten (und nach europäischen Maßstäben schönsten) Strände liegen auf unmittelbar vorgelagerten Inseln, wie der Ilha do Marco, zu der ein Bootstransfer ca. 40 Minuten dauert oder an der Ponta Maria Baixinha, deren Badestrand mit dem Außenborder binnen 15 Minuten erreicht werden kann.

Hotels

■ **Paraíso do Atlântico**
Rua 17, Quadra 123, Lote 15
Balneário
Tel. (091) 3423-2030 und 3423-2231
www.paraisodoatlanticohotel.com.br
Familiengerechtes, gut ausgestattetes Hotel in Salinópolis; am Flussstrand, mit Pool und Kinderspielplatz. ●●

■ **Amazônia Atlântico Resort**
Rua Porto do Castelo][Vila Cuiarana
Tel. (091) 3859-3063
www.amazoniaresort.com.br

Das Resort verfügt über Sportplatz, Pool und Fitnesszentrum. Außerdem werden eine Reihe von auf Angler ausgerichteten Dienstleistungen angeboten. ●

Santarém 4

Die zweitgrößte Stadt des brasilianischen Bundesstaats Pará liegt an der Einmündung des klaren Rio Tapajós in den lehmtrüben Amazonas. ***Encontro das Águas** › S. 116 nennen die Brasilianer das Zusammentreffen der verschieden gefärbten Wassermassen, die sich wegen unterschiedlicher Konsistenz, Schwebstoffe, Fließgeschwindigkeit und Temperatur kilometerweit nicht vermischen. Santarém wurde 1659 von Jesuiten als winzige Missionsstation gegründet, heute zählt die Hafenstadt ca. 190 000 Einwohner. Sehenswert in ihrem überschaubaren Zentrum ist vor allem der die Hafenmole flankierende Markt. Das vielfältigste Sortiment zeigen die Auslagen der Fischstände: Goldgeschuppte *dourado*, fette *tabaquí* und beeindruckend große *pirarucú*, deren Schuppen die gewellte Form und Größe industriell geformter Kartoffelchips haben und die als Öko-Nagelfeile verkauft und genutzt werden.

Hotels

■ **Beloalter Hotel**
Rua Carauari
Tel. (093) 3527-1230 und 3527-1247
www.beloalter.com.br

Boi-bumbá in Parintins 5

Einwanderer aus dem Nordosten folgten dem Amazonas stromaufwärts, suchten während des Kautschuk-Booms ihr Glück als *seringeiros* (»Kautschukzapfer«). Einige aus Maranhão müssen dabei wohl ihr altes Volksspiel Bumba-meu-boi im Gepäck gehabt haben: Jedenfalls zogen die ersten Grüppchen mit Pappmaschee-Stieren schon in den 1920er-Jahren durch die Straßen von Parintins (113 000 Einw.). Aus der wachsenden Rivalität zwischen dem Fähnlein des *Boi Garantido* (weiß mit einem roten Herz auf der Stirn) und den Anhängern des *Boi Caprichiose* (schwarz mit blauer sternförmiger Blesse) entstand 1965 das erste Festival Folclórico de Parintins. Seit 1988 tragen die »Roten« und die »Blauen« ihren karnevalesken Wettstreit während der letzten drei Juninächte, vor jeweils 40 000 Zuschauern, in der eigens dafür erbauten Arena Bumbódromo aus. Film und Fernsehen haben das – kurz Boi-bumbá genannte – Festival populär gemacht. Leider hinkt die Infrastruktur des Amazonasstädtchens hinter dem Bekanntheitsgrad des Festivals her: Es fehlt an Unterkünften, Gaststätten und an Toiletten. Wer sich das schillernde Spektakel anschauen möchte, reist am besten per Boot von Santarém oder Manaus an (26 Std. von Manaus, 60 Std. von Belém) – und schlägt während der farbenfrohen Stadtmeisterschaft der Stiere an Bord seine Hängematte auf.

Echt gut!

Die schönsten Amazonas-Lodges

Wer den Regenwald hautnah erleben möchte, sollte Manaus möglichst schnell hinter sich lassen und in einer mitten in den Dschungel gebauten Lodge einige Nächte Quartier beziehen.

■ **Amazon Ecopark Lodge**
Tel. (092) 9146-0594
www.amazonecopark.com.br
30 Minuten Bootstransfer ab Tropical Hotel, am Flussstrand des Igarapé do Tarumã-Açu gelegen. Die Fenster sind mit Fliegendraht geschützt. ●●●

■ **Ariaú Amazon Towers**
Tel. (092) 2121-5000
www.ariau.tur.br
1,5 Stunden Bootstransfer ab Tropical Hotel; am Lago Ariaú gelegen. Hat die Größe eines Hotels; Pool und Aussichtsturm. ●●●

■ **Juma Lodge**
Tel. (092) 3232-2707
www.jumalodge.com.br
3 Stunden Anreise. Komfortable Zimmer, Hütten in Pfahlbauweise. Umweltschutz wird hier groß geschrieben. ●●●

■ **Tiwa Amazonas Ecoresort**
Tel. (092) 9995-7892
www.tiwaamazone.nl
15 Minuten Bootsfahrt ab Tropical Hotel. Überschaubare Anlage am Rio Negro. ●●

■ **Pousada Amazônia**
Tel. (092) 3231-1021
www.pousadaamazonia.com.br
25 Minuten Bootsfahrt und 34 km auf der Straße Manaus-Manacpuru. Am Rio Ariaú gelegen; zwei Tage Mindestaufenthalt. ●●

Einfach ausgestattet, am Strand des vom Rio Tapajós gebildeten Lago Verde. Mit Restaurant und Pool, eines der vier »ökologischen« Zimmer wurde in Holzbauweise in die Krone eines Baums konstruiert. ●

■ **Barrudada Tropical Hotel**
Av. Mendonça Furtado 4120
Tel. (093) 3222-2200
www.barrudadatropicalhotel.com.br
Zu Zeiten der Militärdiktatur als Luxushotel erbaut, verfügt das Hotel über Gästezimmer und Festsäle von fast verschwenderischer Größe. Heute eher Mittelklasse, aber noch immer die beste Adresse in Santarém. ●

Ausflüge

Floresta Nacional do Tapajós

Ein vom Rest der Welt nahezu vergessenes Stück Industriegeschichte kann man in **Fordlândia** und **Belterra**, am Rio Tapajós gelegen, besichtigen. Die Reste von Henry Fords ehemaligen Gummiplantagen umgibt heute das 994 000 ha große Naturschutzgebiet des Floresta Nacional do Tapajós.

*Lago da Maicá

Nur per Boot zu erreichen ist der Lago da Maicá, Lebensraum von zahlreichen Reihern. Die in der Trockenzeit (Aug.–Nov.) besonders reizvollen Badestrände, beim nur ca. 30 km entfernten Städtchen ***Alter do Chão**, sind auch über eine in Ufernähe verlaufende Straße zu erreichen (Infos: Santarém Tur › S. 108).

Manaus 6

Die Hauptstadt des Bundesstaats Amazonas erlebte ab der Mitte des 19. Jhs. eine kurze, rauschhafte Blüte: Erfindungen von Charles Goodyear und John Dunlop hatten in den USA ein Verfahren reifen lassen, das es ermöglichte, pflanzlichen Kautschuk zu einem industriell verwertbaren, hochelastischen Material zu veredeln. Wenig später erzielten Latexballen weltweit Höchstpreise, und Manaus wurde zur Boomtown der profitablen Sammelwirtschaft, zum urplötzlich steinreichen »Paris der Tropen«. Immer mehr Seringueiros durchsuchten den Regenwald nach geeigneten Gummibäumen, deren milchigen Saft sie mit parallel in die Rinde geritzten Rillen abzapften. Manaus Reichtum erwies sich als flüchtig: Nur 40 Jahre nachdem Henry Wickham die Samen des Gummibaums außer Landes schmuggeln konnte, warfen die von den Engländern angelegten Kautschuk-Plantagen in Malaysia genügend Erträge ab, um das Monopol Amazoniens ein für allemal zu knacken.

Heute lassen sich die Überreste des flüchtigen Reichtums in Manaus mühelos an einem halben Tag abklappern.

8 *Teatro Amazonas

Berühmt ist das 1884–96 erbaute Opernhaus an der Praça São Sebastião auch als Schauplatz

Der Kautschuk-Boom verhalf Manaus zu seinem herrlichen Opernhaus

einiger Szenen aus Werner Herzogs Film »Fitzcarraldo« (1982). Die Architektur des Prunktheaters mit 700 Plätzen vereint Stilelemente aus Barock, Renaissance, Neoklassizismus und Jugendstil. Alle Baumaterialien des feudalen Musentempels wurden aus Europa eingeführt: Ziegel aus Lothringen, Schmiedeeisen aus England, Marmor und Porzellan aus Italien und die Kuppelverzierungen aus Schottland. Bühnenvorhänge, Lüster und Spiegel stammen aus Frankreich. Trotz dieser Pracht besaß das Opernhaus nach dem Kautschuk-Boom lange Zeit kein eigenes Ensemble. Inzwischen ist aber das 2010 bereits zum 14. Mal veranstaltete Festival Amazonas de Ópera die bekannteste Veranstaltung im Teatro Amazonas; die Aufführungen finden im April und Mai statt (Führungen: Mo bis Sa 9–17 Uhr, Tel. (092) 3232-1768).

*Palácio Rio Negro

Das prächtige Herrenhaus wurde 1910, gegen Ende des Kautschuk-Booms, vom deutschen Gummi-Baron Waldemar Scholz bezogen. Wenig später hatte die Provinzregierung hier ihren Sitz, heute nimmt das Palais ein Kulturzentrum auf, in dem gelegentlich Kunstausstellungen stattfinden (Av. Sete de Setembro 1546, Tel. (092) 3232-4450, Mo–Fr 9 bis 14 Uhr, Eintritt frei).

Hotels

■ **Tropical Manaus**
Avenida Coronel Teixeira 1320
Ponta Negra
Tel. (092) 2123-5000
www.tropicalmanaus.com.br
Noch immer das beste Hotel vor Ort. 18 km außerhalb, am Strand von Ponta Negra gelegen. Vielfältiges Sport- und Freizeitangebot. ●●●

■ **Taj Mahal Continental**
Av. Getúlio Vargas 741
Tel. (092) 3627-3737
www.grupotajmahal.com.br
Um allen Gästen des Hotelrestaurants im 16. Stock den Blick auf das Teatro Amazonas zu ermöglichen, dreht sich dieses langsam um die eigene Achse. ●●

Ausflug zum *Encontro das Águas

Zu den klassischen Ausflügen, die sich von Manaus anbieten, zählt das Encontro das Águas (Zusammentreffen der Flüsse) des braungelben Rio Solimões (7 km/h, 22 °C) mit dem schwarzen Rio Negro (3 km/h, 26 °C). Beide Ströme fließen im gemeinsamen Flussbett des Amazonas ungefähr 6 km nebeneinander her, ohne sich zu mischen. Ausflugsboote legen täglich im Hafen von Manaus ab.

Aktivitäten

Wer darüber hinaus weitere Zeit auf den Wasserwegen um Manaus zubringen möchte, kann eine Rundfahrt mit sieben Übernachtungen auf dem **Ausflugsschiff Iberostar Grand Amazon** buchen (**Tel. (092) 2126-9927, www.iberostar.com.br** ●●●).

Der Westen

Nicht verpassen!

- Einen Besuch der futuristischen Retortenresidenz Brasília
- Brasílias internationale Restaurants
- Die faszinierende Tier- und Pflanzenwelt des Pantanals
- Die »Stadt aus Steinen« im Nationalpark Chapada Guimarães

Zur Orientierung

Brasília und der Distrito Federal, liegen auf der 900 bis 1170 m hohen Ebene des Planalto Central, umgeben vom weiten, flachen Buschland der Cerrado-Savanne. Brasília, die von Star-Architekt Oscar Niemeyer entworfene Hauptstadt, wurde in nur vier Jahren direkt vom Reißbrett in die zuvor unbesiedelte und menschenleere Hochebene gestemmt. Die von Niemeyer gestalteten Bauten faszinieren heute keineswegs nur Architekturfans. Im Norden geht der Brasília umgebende landschaftliche Großraum allmählich in die grünen Regenwälder des Amazonas über. Im äußersten Westen Mato Grossos grenzt das Schwemm- und Sumpfland Pantanal an Bolivien und Paraguay. Das größte Feuchtgebiet der Erde (ca. 210 000 km² auf brasilianischem Territorium,

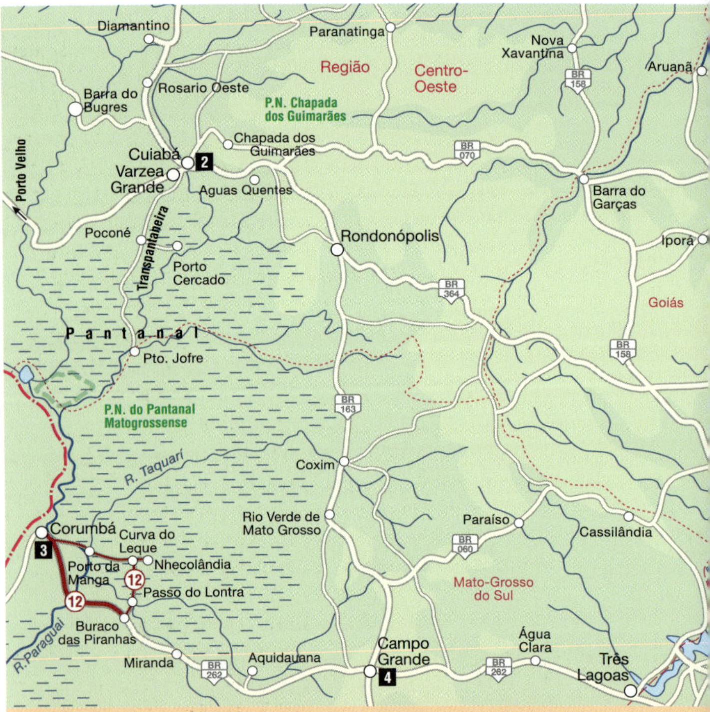

12 **Estrada Parque do Pantanal** **Corumbá › Porto da Manga › Curva do Leque › Nhecolândia › Passo do Lontra › Buraco das**

ca. 60 000 m² in den beiden Nachbarstaaten) ist das Refugium so vieler Tierarten, dass es den Beinamen »Arche Noah Südamerikas« trägt. Urbane Zugangsorte zum Pantanal sind Cuiabá im Norden und Campo Grande und die Grenzstadt Corumba im Süden. Die mitunter anstrengende Erforschung dieser grandiosen Landschaft ist in der Trockenzeit äußerst reizvoll: Die Pousadas im Pantanal bieten dann ein breit gefächertes Exkursionsprogramm zu Fuß, zu Pferd oder auch in Kajaks und Kanus.

Piranhas › Corumbá

Somit bietet sich dem Besucher hier im Westen ein spannendes Kontrastprogramm zwischen urwüchsigem Naturreichtum und postmoderner Architektur.

Tour im Westen

Estrada Parque do Pantanal

(12) Corumbá › Porto da Manga › Curva do Leque › Nhecolândia › Passo do Lontra › Buraco das Piranhas › Corumbá

Dauer: 2–3 Tage, ca. 250 km
Praktische Hinweise: Im Pantanal sollte man nur mit einem 4×4-Offroader auf die Pisten gehen. Die Planken der Holzbrücken sind für die Spurweite von Lkws ausgelegt; mit einem herkömmlichen Straßenfahrzeug muss man die Fahrt früher oder später abbrechen. Dies gilt sowohl für die von vielen Veranstaltern angebotene Transpantaneira im Norden, als auch für die mehr Pioniergeist und Eigeninitiative erfordernde Estrada Parque Pantanal im Süden. Die unbefestigte Straße ist nur in der Trockenzeit (Juni–Okt.) befahrbar. Die Geländefahrzeuge muss man vorab reservieren.

Diese Tour führt uns in einen der schönsten Naturräume Brasiliens, das größte Feuchtsavannengebiet der Erde. Ausganspunkt ist das Städtchen **Corumbá** › S. 124 dessen einzige Verbindung zum Rest

Brasiliens lange Zeit die Estrada Parque do Pantanal war. Die Straße ist ca. 120 km lang; mithilfe von nicht weniger als 87 einfachen Brücken überquert sie sumpfigen Untergrund und Wasserläufe. In **Porto da Manga** hilft eine Fähre (6–18 Uhr) über den Rio Paraguaí, in dessen kristallklaren Zuflüssen man auch Tauchtrips unternehmen kann. Die weiterführende Strecke bis **Curva do Leque** wird im Verlauf der Regenzeit (Febr.–Mai) regelmäßig überflutet, auch die Gegend um **Nhecolândia**, im Herzen des Pantanal, versinkt dann gern im Wasser – gerade in der Übergangszeit von Mai bis Juni ist dieser Teil des Pantanals aber besonders reich an Tieren. Eher strategische Bedeutung hat **Passo da Lontra** – wegen seiner Tankstelle.

Bei **Buraco das Piranhas** mündet die alte Piste wieder auf die besser ausgebaute BR-262, auf der man nach Corumbá zurückfahren oder die Reise nach Campo Grande fortsetzten kann.

Da man bei einer Ein-Tages-Tour kaum die Artenvielfalt der Tierwelt und die herrliche Landschaft im Pantanal erfassen kann, empfiehlt es sich bei dieser Tour, mindestens eine Übernachtung in einer der auf der Strecke liegenden Fazendas, wie z.B. der **Pousada Arara Azul** › S. 123, einzuplanen.

Unterwegs im Westen

9 ***Brasília 1

Mit dem Bau von Brasília sollte der Aufbruch ins 21. Jh. vollzogen und der Westen stärker an den Rest des Landes gebunden werden. Die neue Hauptstadt wurde in Brasiliens geografischer Mitte in kürzester Zeit aus dem Boden gestampft. Treibende Kraft dieses visionären Projekts war der Politiker Juscelino Kubitschek, der 1956 zum Präsidenten des Landes gewählt worden war. Er trimmte Brasilien – unter dem Slogan »50 Jahre in 5« – entschlossen und couragiert auf Zukunftskurs, gab selbst die Taktzahl der Modernisierung vor und ließ es sich auch nicht nehmen, die »Stadt der Zukunft« am 21. April 1960 inmitten von Baustellen eiligst einzuweihen. Juscelino Kubitschek de Oliveira (1902–76) hatte bereits als Bürgermeister von Belo Horizonte einige Aufträge an Oscar Niemeyer (geb. 1907) vergeben, und so bereitete er auch beim Bau von Brasília dem Star-Architekten die Wege.

Die von Niemeyer gestalteten Monumentalbauten der Hauptstadt aus der Retorte schienen alle Gesetze der Statik schlichtweg zu sprengen. Sie sind längst Teil der Architekturgeschichte und wurden von der UNESCO im Jahr 1987 als Kulturerbe der Welt unter Denkmalschutz gestellt. Heute vermittelt Brasília dem Besucher das etwas in die Jahre gekommene Bild einer Stadt der Zukunft – aus den 1960er-Jahren.

*Praça dos Três Poderes

Herzstück Brasílias und Mitte der politischen Macht des Landes ist der Platz der drei Gewalten; den die Gebäude der staatlichen Organe der Legislative, Judikative und Exekutive umgeben: Der **Palácio do Planalto** (Amtssitz des Präsidenten) besticht bis heute mit seiner in Beton gegossenen Schwerelosigkeit und mit Säulen, die an geblähte Dreieckssegel der Jangadas aus dem Nordosten erinnern. Der gegenüberliegende Bundesgerichtshof – **Supremo Tribunal Federal** – ist samt seiner zum Vorplatz führenden Rampe und dem weit über das Gebäude ragenden Flachdach nicht weniger beeindruckend. Besonders deutlich wird der expressive Architekturstil Oscar Niemeyers am Beispiel des dritten Gebäudekomplexes an der Praça dos Três Poderes, dem ***Congresso Nacional:** Hier ziehen zunächst die in den, über Brasília meist makellos blauen, Himmel ragenden Doppeltürme des Abgeordnetenhauses alle Blicke auf sich. Durch einen Quergang, ungefähr auf halber Höhe miteinander verbunden, bilden sie ein »H« – und mahnen mit bildhafter Symbolik Humanität an. Bei eingehender

Auch die Catedral Metropolitana hat eine futuristische Anmutung

Betrachtung entdeckt man auch die dahinter liegenden Gebäude: Auf der leeren Weite einer weißen Plattform scheinen die beiden aufgeschnittenen Hälften einer riesigen Kugel nebeneinander zum Liegen gekommen zu sein. In der Kuppel residiert der Senat, während die Abgeordneten im Atrium der Schüssel tagen. Niemeyers oft vieldeutige Bildsprache wird in Brasília meist so gedeutet: Nur zusammen ergeben beide Kammern ein sinnvolles Ganzes – für sich alleine genommen bleiben sie Stückwerk.

**Catedral Metropolitana

Auch beim Entwurf der kelchförmigen Kathedrale mit unterirdischem Zugang zieht Niemeyer alle gestalterischen Register, nimmt unübersehbar Anleihen in der Bibel. Dem kreisrunden Gotteshaus setzt er eine Dornenkrone auf, gestaltet den Glockenturm wie einen Kerzenleuchter und legt einen Findling, geformt wie eine Hostie, auf den Vorplatz. In der von Licht durchfluteten Kirche finden sich Werke Di Cavalcantis, Athos Bulcãos und natürlich die unter der konischen Decke »schwebenden Engel« von Alfredo Ceschiatti. Als der Bau 1967 fertig wird, sieht die Kurie dem erklärten Atheisten Niemeyer sogar das Fehlen der Beichtstühle nach. (tgl. 8–17 Uhr, Eintritt frei).

**Parque Nacional de Brasília

Das 30 000 ha große Naturschutzgebiet entstand während der Bauarbeiten in Brasília Anfang der 1960er-Jahre. Einheimische Familien schätzen besonders seine mit Quellwasser gefüllten Schwimmbecken. Wer sich an ruhigen Tagen auf den Weg zum Aussichtsturm macht, kann, mit etwas Glück, im Unterholz Ameisenbären (*tamanduás*), Gürteltiere (*tatus*) und viele Vogelarten entdecken (9 km außerhalb, an der Fernstraße BR-040 gelegen, tgl. 8–16 Uhr).

Hotels

■ **Meliá Brasil 21**
Setor de Hoteleiro Sul, Quadra 6
Bloco D
Tel. (061) 3218-4700
www.solmelia.com
Das moderne 5-Sterne-Hotel verfügt u.a. über **eines der besten Fitnesszentren des Landes.** ●●● Echt gut!

■ **Nobile Suites Lakeside**
Setor de Hotéis e Turismo Norte
Lago Norte][Tel. (061) 3035-1100
www.nobilehoteis.com.br
Am Ufer des künstlich angelegten Paranoá-Sees gelegen. ●●

■ **Naoum Express**
Setor de Hoteleiro Sul
Quadra 3, Bloco J
Tel. (061) 3212-4545
www.naoumhoteis.com.br
Mittelklassehotel mit Zugang zu allen Einrichtungen des benachbarten Luxushotels Naoum Plaza. ●

Restaurants

■ **Carpe Diem**
Comercio Local Sul, Bloco D, Loja 1
Tel. (061) 3325-5301
www.carpediem.com.br
Preiswerte Menüs; berühmt für seine traditionelle Feijoada immer samstags. Mo–Sa 12–2 Uhr, So 12–23 Uhr. ●●

■ **Patú Anú**
Setor de Mansões do Lago Norte
Tel. (061) 3369-2788
www.patuanu.com.br
Das Restaurant grenzt an die Lago Paranoá. **Internationale Küche mit stark brasilianischer Färbung.** ●●● Echt gut!

Nightlife

In Brasília konzentriert sich das Nachtleben fast auf den Setor Comercial Local Sul. Hoch im Kurs stehen beispielsweise die **Bar Brasília** (Quadra 506), die Pubs **O'Rilley** (Quadra 409) und **Gates's** (Quadra 403).

Verkehrsmittel

Brasílias internationaler Flughafen (BSB) liegt 12 km außerhalb des Zentrums und wird aus Europa von der Airline TAP Portugal direkt angeflogen.

Das Codeshare-Abkommen zwischen der TAP und der TAM erleichtert die Buchung des Weiterflugs bis Cuiabá (CGB) am Rande des Pantanal.

10 ***Pantanal

Das Überschwemmungsgebiet Pantanal ist ein an Vielfalt kaum zu übertreffendes Landschaftsmosaik aus Flüssen mit Galeriewäldern, Grassavannen, Seen, Sümpfen und tropischen Wäldern. In der Regenzeit (Ende Okt.–Mitte März) wird das Pantanal weiträumig überflutet und nur die etwas höher liegenden Landflächen, die Cordilheiras, ragen dann wie letzte Inseln aus dem Wasser. Wegen seiner außergewöhnlich hohen Tier- und Pflanzenvielfalt wurde das Pantanal von der UNESCO zum Weltnaturerbe und Biosphärenreservat erklärt. Touristen sollten es nur mit Führer erkunden!

Hotels

Araras Eco Lodge
Transpantaneira, Km 29
Pantanal Norte][Tel. (065) 3682-2800
www.araraslodge.com.br
Rustikale Lodge mit komfortablen Zimmern. Zwei hohe Aussichtstürme. Mehrsprachige Führer. ●●

Refúgio Ecológico Caiman
Estrada para Aggachi, km 37
Pantanal Sul][Tel. (067) 3242-1450
www.caiman.com.br
Die meistbesuchte Hotel-Fazenda. Großes Ausflugsangebot. ●●●

Pousada Aguapé
Rio Aquidanana, km 493,5 der BR-262
Miranda][Pantanal Sul
Tel. (067) 9986-1215
www.aguape.com.br

Bedrohte Natur

Tierbeobachtungen im Pantanal sind ab April möglich, sobald die Hotel-Fazendas wieder über die Erdstraßen erreichbar sind. Ideale Voraussetzungen bieten die Monate Juli, August, September, wenn sich immer mehr Vögel, Brillenkaimane und Wasserschweine um die rarer und kleiner werdenden Wasserlöcher drängen.

Was jedoch die wenigsten Touristen wahrnehmen: Dieses herrliche Naturparadies ist trotz seiner einzigartigen Flora und Fauna bedroht. Die ursprüngliche Vegetation der Cordilheiras musste Viehweiden weichen, an den Rändern des Schwemmlands wird immer mehr Savanne immer bedenkenloser dem großflächigen Anbau von Reis und Soja geopfert. Quecksilberhaltiges Abwasser der in Amazonien aktiven Goldsucher wird auch in das Sumpfland geschwemmt – und nur mit größtem Aufwand gelingt es den Rangern der Umweltschutzbehörde IBAMA der grenzüberschreitenden Wilderei und der leider noch immer als Sport missverstandenen Dynamitfischerei Herr zu werden. Was den Erhalt der »Arche Noah Südamerikas« ebenfalls erschwert: Nur ihr kleinster Teil, der ***Nationalpark Pantanal Mato-Grossense**, steht tatsächlich unter striktem Naturschutz.

Ökologisch geführte Hotel-Fazenda mit eigener Landepiste, Pool, breitem Sportangebot und Reitpferden. ●

■ **Passo do Lontra Parque Hotel**
Estrada Parque Pantanal, km 8
Pantanal Sul][Tel. (067) 3245-2407
www.passodolontra.com.br
Am Ufer des Rio Miranda gelegen; die Gebäude sind durch Brücken miteinander verbunden, die mit Gleisen für den Gepäcktransport versehen sind. ●

Cuiabá 2

Die Hauptstadt (545 000 Einw.) des Staates Mato Grosso besitzt ein drückend heißes Klima. Sie bietet kaum Sehenswertes, ist aber das Tor zum nördlichen Pantanal und Ausgangspunkt von Ausflügen in den höher gelegenen und spürbar kühleren ***Nationalpark Chapada dos Guimarães.** Dieses 33 000 ha große Naturschutzgebiet fasziniert mit zahlreichen Bächen und Wasserfällen wie dem Véu de Noiva (»Brautschleier«), mehr als 45 archäologischen Stätten mit Fels- und Höhlenmalereien sowie der von Wind und Wetter geformten Cidade da Pedra (»Stadt aus Steinen«). Am besten fährt man mit einem Leihwagen zum Nationalpark, da einige Attraktionen, wie der Mirante da Geodésia (das geografische Zentrum Südamerikas), etwas abseits liegen und wie das gleichnamige Städtchen einen Besuch lohnen.

Echt gut!

Hotel

Pousada do Parque
Chapada dos Guimarães
Tel. (065) 3391-1346 und 3682-2800
www.pousadadoparque.com.br
Einfaches, aber freundliches Quartier beim Parkzugang mit sauberen Gästezimmern. Geführte Wanderungen zu den kleineren Wasserfällen Andorinha, Degrau oder Prainha. ●

Corumbá 3

Die florierende Stadt besitzt einen Binnenhafen am Rio Paraguaí, dessen alte Uferpromenade noch von einigen Kolonialgebäuden gesäumt wird. Ihr Flughafen kann mit innerbrasilianischen Flügen der Linie TAM erreicht werden. Die Stadt ist Ausgangspunkt der **Estrada Parque Pantanal.**

Hotel

Nacional Palace
Rua América 936
Tel. (067) 3234-6000
www.hnacional.com.br
Komfortables Stadthotel, mit Swimmingpool. ●

Campo Grande 4

Wie Corumbá und Cuiabá ist auch die größte Stadt des Pantanals (750 000 Einw.) ein Tor zum Pantanal. Das Straßenbild der ebenso modernen Hauptstadt des Bundesstaates Mato Grosso do Sul prägen die glatten Hochhausfassaden von Hotels und Büros. Zu den eher dünn gesäten Sehenswürdigkeiten zählt der **Mercado Público** (Travessa José Bacha, Mo 12–18.30, Di–Sa 6.30 bis 18.30, So 6.30–12 Uhr) und die Sammlung zum Leben der Ureinwohner des Regenwaldes im **Museu Dom Bosco** (Rua Barão do Rio Branco 1843, Mo–Fr 8–18, Sa 8–17, So 8–18 Uhr).

Der Süden

Nicht verpassen!

- Die beeindruckenden Wasserfälle von Foz do Iguaçu
- Eine landschaftlich schöne Eisenbahnfahrt von Curitiba nach Paranaguá
- Die von europäischen Siedlern erschlossene Serra Gaúcha, wo man sich fast an den Schwarzwald erinnert fühlt
- Die UNESCO-geschützte Missionsruine in São Miguel das Missões

Zur Orientierung

Das subtropische Südbrasilien wird von den Bundesstaaten Paraná, Santa Catarina und Rio Grande do Sul gebildet. Diese Region und ihre Einwohner sind stärker europäisch geprägt als der Rest des Landes: Die Nachkommen von Siedlern aus Italien, Deutschland, Österreich, Polen und aus der Ukraine stellen das Gros der Bevölkerung. Ihren Einfluss spiegeln die kleinbäuerlichen Strukturen und das Ortsbild der von den Einwanderern gegründeten Städte gleichermaßen wider. Alpin anmutende Holzbauwerke bestimmen Teile der Orte Gramado und Canela und Fachwerkimitate einige Häuser in der »deutschen« Stadt Blumenau, wo sogar ein Oktoberfest gefeiert wird. Rio Grande do Sul hatte seinen Ursprung hingegen in São Miguel das Missões, der später zerschlagenen Reduktionen der Jesuiten.

Im Landesinneren liegt die Stadt Foz do Iguaçu, deren große Besucherzahlen auf das grandiose Spektakel der mächtigsten Wasserfälle der Welt zurückzuführen sind. Sie befinden sich am Dreiländereck Paraguay, Argentinien, Brasilien und bieten sowohl von Brasilien als auch Argentinien einen prachtvollen Anblick.

Wer zum Baden wieder an die Küste möchte, der findet bei der schönen Stadt Florianópolis gleich 42 wunderbare Sandstrände und viele geeignete Unterkünfte.

Touren im Süden

Rota Romântica

(13) Porto Alegre › Gramado › Canela › São Francisco de Paula › Torres › Porto Alegre

Dauer: 3–5 Tage, ca. 575 km
Praktische Hinweise: Leihfahrzeuge müssen auch im Süden grundsätzlich am Ausgangsort jeder Tour zurückgegeben werden.

Die »Rota Romântica« (Romantische Straße) führt durch elf Städtchen, bei denen man sich fast wie zu Hause fühlt, da der Einfluss der europäischen Immigranten an jeder Ecke zu sehen ist. Sie folgt von **Porto Alegre** › S. 129 der Fernstraße BR-116 und führt zunächst zu den von deutschen Einwanderern gegründeten Orten **São Leopoldo** und **Novo Hamburgo**. Die Dörfer Morro Reuter, Picada Café und die Kleinstadt **Nova Petrópolis** folgen. Begonien in den Gärten und Geranien vor den Fenstern der Giebelhäuser sind für diese Orte typisch. Im weiteren Verlauf werden über die Landstraße RS-235 die betont alpin gestylten Bergstädtchen **Gramado** › S. 131 und **Canela** › S. 131 mit dem Parque Caracol erreicht. Hier bietet es sich an, in einem der Chalet-Hotels zu übernachten und immer dort einzu-

Karte Seite 127

kehren, wo eine Reklametafel mit dem Begriff »Café Colonial« wirbt, denn diesen verschwenderisch üppigen Brauch europäischer Hausmannskost gibt es so im restlichen Brasilien nicht. Aufschnitt, verschiedene Brotsorten, Kuchen, Salate, Käse, Waffeln werden aufgetischt »bis sich der Tisch biegt«.

Beeindruckende Wasserfälle und Araukarienwälder machen die umliegende Mittelgebirgslandschaft spannend. Immigranten von den Azoren gründeten **São Francisco de Paula**, wo die Rota Romântica offiziell endet. Statt umzukehren, kann man die Fahrt aber auch über die Landstraße RS-020 bis zum Nationalpark **Aparados da Serra** fortsetzen. Im Schutzgebiet (nur Mi–So geöffnet!) mit den sehenswerten Cañons Itaimbezinho und Fortaleza stehen keinerlei Unterkünfte zur Verfügung. Übernachtet wird deshalb z.B. in der Pousada Fazenda Pindorama (Rua Pe. Joãn Francisco Ritter, Tel. (054) 3251-1225, www.pousadapindorama.com.br ●) im nahegelegenen **Cambará do Sul** (6660 Einw.). Über Praia Grande lässt sich die Küste und der Badeort **Torres**

(13) **Rota Romântica** Porto Alegre › Gramado › Canela › São Francisco de Paula › Torres › Porto Alegre

(14) **Rota das Missões** Porto Alegre › Lajeado › Santo Ângelo › São Miguel das Missões › Porto Alegre

› S. 131 erreichen und über die küstennahe BR-101 geht es zurück nach Porto Alegre. Für die komplette Rundfahrt sollte man gut fünf Tage kalkulieren und vor einem Badestopp berücksichtigen, dass Wasser und Wind an der Küste von Rio Grande do Sul meist ziemlich kühl sind.

Rota das Missões

–(14)– Porto Alegre › Lajeado › Santo Ângelo › São Miguel das Missões › Porto Alegre

Dauer: 3–5 Tage, 485 km
Praktische Hinweise: Je weiter man auf dieser Tour nach Westen kommt, umso größer werden die Entfernungen zwischen den Tankstellen: Man sollte also immer genügend Trinkwasser mitführen und nicht »mit dem letzten Tropfen Sprit« fahren.

Die »Rota das Missões« verbindet **Porto Alegre** › S. 129 mit der Kleinstadt Santo Ângelo und den von der UNESCO als Kulturerbe geschützten Jesuiten-Reduktionen São Miguel das Missões. Die Route führt zunächst auf der gut ausgebauten Fernstraße BR-386 nach Nordwesten. Für einen ersten lohnenden Stopp bietet sich die Kleinstadt **Lajeado** an, deren Einwohner von Landwirtschaft und der Verarbeitung von Edelsteinen leben. Vor dem Erreichen der 180 km entfernten Ortschaft **Carazinho** gilt es, auf die BR-285 zu wechseln. Endlos scheinende landwirtschaftlich genutzte Flächen und weite Pampas bestimmen während dieser Fahrt meist das Landschaftsbild. Schatten ist rar. Bis Entre-Ijuís verläuft die Straße fast schnurgerade nach Westen, bei diesem Dorf befindet sich die Abzweigung (RS-344) nach **Santo Ângelo** › S. 131, wo übernachtet wird, da es hier für Touristen besser geeignete Unterkünfte gibt, als in der von Jesuiten gegründeten Stadt **São Miguel das Missões** › S. 132. Um zu der dortigen, selbst als Ruine noch beeindruckenden, Reduktion der Jesuiten zu gelangen, ist es notwendig ca. 10 km auf die BR-285 zurückzufahren. Die zweite Abzweigung in südlicher Richtung führt nach São Miguel das Missões.

Wichtige Adresse

Deutsches Generalkonsulat
Rua Professor Annes Dias 112/11° andar
Porto Alegre
Tel. (051) 3224-9255
Fax: (051) 3226-4909
consuladoalemanhapoa@terra.com.br
Das Konsulat ist zuständig für Rio Grande do Sul und Santa Catarina; Mo–Fr 8.30–11.30 Uhr.

Verkehrsmittel

Entlang der Küste sind in Südbrasilien die Busverbindungen sehr gut. Curitiba, Florianópolis und Porto Alegre werden von den modernen und komfortablen Linienbussen der »TTL« (www.ttl.com.br) mit Montevideo und São Paulo verbunden.

Karte Seite 127

Unterwegs im Süden

Porto Alegre 1

Der »fröhliche Hafen« liegt südlich der Serra Gaúcha, ist ein wichtiger Exporthafen und grenzt an die an Zug- und Wasservögeln reiche, ca. 35–40 km lange Lagoa dos Patos. Die Hauptstadt (1,45 Mio. Einw.) des Staates Rio Grande do Sul ist, schon wegen ihres internationalen Flughafens, das Tor zu den Sehenswürdigkeiten der Region. Die Innenstadt ist mit Attraktionen nicht gerade gesegnet, doch sollte man sich zumindest einen Eindruck von der Kultur und Musik der Gaúchos verschaffen. Dafür bieten sich die typischen geräumigen und teils offen konstruierten Barbecue-Restaurants der Stadt geradezu an, denn hier lässt sich ein »Blick in die Töpfe« der Landesküche mit verschiedensten Darbietungen regionaler Musik und folkloristischer Tänze verbinden. Die traditionellen Churrasco-Restaurants wie das CTG 35 (Roda de Carreta 35, beim Jardim Botânico, Tel. (051) 3336-0817) oder das Galpão Crioulo (im Parque da Harmonia, www.churrascariagalpaocrioulo.com.br, Tel. (051) 3226-8194 ●●) tischen im Rahmen ihres *ródizio* am Spieß **perfekt gegrilltes Fleisch bis zum Abwinken** auf und zeigen allabendlich, an den Wochenenden auch mittags, typische Tänze wie den »Chula«. Die beiden genannten Churrascarias verfügen über mehr als 600 Sitzplätze und werden von den Einheimischen auch nachts – mit Kindern – besucht.

Echt gut!

Gaúchos – ganz besondere Brasilianer

Ganz im Süden Brasiliens, in der »Campanha« an der Grenze zu Argentinien und Uruguay, liegt das Weideland der Pampasstiere – und die Heimat der »Gaúchos«.

Ursprünglich waren Gaúchos unbeugsame, von Wind und Wetter gegerbte Cowboy-Gestalten, die so oft im Sattel saßen, dass sie die Sporen gar nicht erst ablegten und lange vor dem Eintreffen italienischer und deutscher Einwanderer den Grundstock der Bevölkerung von Rio Grande do Sul bildeten. Heute verstehen sich alle Einwohner in Rio Grande do Sul als Gauchó oder Gauchá, ganz unabhängig von ihrer Abstammung. Und an diesen Bezeichnungen halten die meisten auch dann stolz fest, wenn sie längst im Ausland oder in einem anderen Teil Brasiliens heimisch geworden sind. Die gegenwärtig international prominentesten Landeskinder Rio Grande do Suls sind das Top-Model Giselle Bündchen und der auch außerhalb Brasiliens erfolgreiche Fußballtrainer Luiz Felipe Scolari, genannt »Felipão«.

Hotels

■ **Sheraton Porto Alegre**
Rua Olavo Bareto Viana 18
Moinhos de Vento
Tel. (051) 2121-6000
www.sheraton-poa.com.br
Das beste Haus der Innenstadt, mit Pool, Sauna und Gym ausgestattet, in unmittelbarer Nachbarschaft eines Parks, eines Einkaufszentrums sowie zahlreicher Restaurants und Bars. ●●●

■ **Everest Porto Alegre**
Rua Duque de Caxias 1357][Centro
Tel. (051) 3215-9500,
www.everest.com.br
Nur wenige Blocks von der Markthalle »Mercado Público« und vom Hafen entfernt. 153 Zimmer in vier Kategorien, Dachrestaurant in der 16. Etage. ●●

■ **Garibaldi**
Rua Garibaldi 652][Floresta
Tel. (051) 3224-7333
www.hotelgaribaldi.com.br
Kleines, funktionell ausgestattetes Hotel mit 17 Zimmern. Fr–Mo Sonderpreise. ●

Unterhaltung

Casa de Cultura Mario Quintana
Rua dos Andrades 736
Centro Histórico
Tel. (051) 3221-7147
www.ccmq.com.br
Das ehemalige Hotel Majestic wurde zu einem **Kulturzentrum mit Kino, Bibliothek, Theaterbühne und Terrassencafé** (Di–Fr 9–21, Sa–So 12–21 Uhr).

Echt gut!

Nightlife

■ **Bar do Nito**
Avenida Lucas de Oliveira 105
Auxiliadora][Tel. (051) 3024-6763
Samba, Choro oder Musica Popular Brasileira »live«.

■ **Neo**
Avenida Plínio Brasil Milano 427
Higienópolis
Tel. (051) 3331-4788
www.clubneo.com.br
Die DJs legen Acid, House, Techno, Trip Hop und Garage auf. Das junge Publikum verteilt sich auf drei Stockwerken.

Porto Alegres neoklassizistisches Rathaus an der Praça Montevidéu

Gramado 2 und Canela 3

Die Kleinstädte bilden das touristische Zentrum des Mittelgebirges **Serra Gaúcha** – und besitzen für die brasilianische Oberschicht ungefähr die gleiche Attraktivität wie Gstaad oder St. Moritz für wohlhabende Europäer. Zum alpinen Baustil der Zwillingsorte passt auch das 17-tägige, in der Osterzeit abgehaltene Chocofest, ein beliebtes Ziel von Familien mit Kindern, das jährlich mehr als 100 000 Besucher anlockt.

Hotels

Pousada La Hacienda
Estrada Serra Grande 4200
Gramado
Tel. (054) 3295-3025
www.lahacienda.com.br
Das Luxushotel liegt 14 km außerhalb Gramados **in grandioser Landschaft.** Echt gut! Im Stil der Wohnhäuser italienischer Siedler gestaltet. Wintergarten, Pool, Angelsee und Reitpferde. ●●●

Pousada Cravo e Canela
Rua Tenente Manoel Corrêa 144
Canela][Tel. (054) 3282-1120
www.pousadacravoecanela.com.br
In Schweizer Baustil ausgeführt und mit Hallenbad, Sauna und Spa ausgestattet. ●●

Torres 4

Das vor allem von Argentiniern frequentierte Seebad liegt am Rio Mampituba. Attraktiv ist Torres wegen der Nähe zur Serra Gaúcha und seiner Sandstrände, deren Landschaftsbild von sanft geschwungenen Dünen und drei turmhohen Basaltfelsen, den »Torres« bestimmt wird. Für Farbtupfer sorgen die beim Festival de Balonismo an Ostern aufsteigenden Heißluftballons. Im Rahmen von **Bootsfahrten zur Ilha dos Lobos** kann man Seehunde und -löwen beobachten.

Hotel

Guarita Park Hotel
Av. Alfieiro Zanardi 1017
Parque Da Guarita
Tel. (051) 3664-5200
www.guaritaparkhotel.com.br
Das 2004 erbaute Hotel liegt vor der Praia da Guarita und in Reichweite von fünf weiteren Stränden: Grande, Prainha, Cal und Itapeva. In der Nebensaison (April–Nov.) ist das Meer kalt, dafür sind die Zimmerpreise niedriger. ●●

Santo Ângelo 5

Die Kleinstadt Santo Ângelo geht auf eine 1706 gegründete Reduktion der Jesuiten zurück. Sie bietet sich aufgrund ihrer Infrastruktur für den Besuch der umliegenden Missionsruinen an.

Hotel

Maerkli Hotel
Av. Brasil 1000][Santo Ângelo
Tel. (055) 3313-2127
www.redeversare.com.br
Das Hotel ist zwar in die Jahre gekommen, stellt aber mit akzeptabel ausgestatteten Gästezimmern – Klimaanlage, TV, Minibar – und je einem Swimmingpool für Erwachsene und

für Kinder noch immer die beste Unterkunft in Santo Ângelo dar. ●

*** São Miguel das Missões 6

Die am besten erhaltene Missionsruine ist die 1687 gegründete Reduktion genannte Missionssiedlung São Miguel das Missões, die von der UNESCO schon 1983 zum Kulturerbe erklärt wurden. In der Blütezeit unterrichteten Jesuiten hier knapp 4200 Indianer und das gesamte Gebiet der »Sete Povos das Missões Orientais« war von Portugal und Spanien faktisch unabhängig. Heute erinnern nur noch der Glockenturm und das ohne Mörtel konstruierte Portal an die vergangene Pracht der barocken Missionskirche, die nach der finalen Schlacht der auf Ausrottung der Indianer zielenden Guarani-Kriege 1754–56, zusammen mit sechs weiteren Jesuiten-Reduktionen im heutigen Brasilien, von den Truppen der Spanier und Portugiesen besetzt wurde. Bei den Kriegshandlungen wurden 1511 Guarani getötet, auf Seiten der Europäer fielen drei Soldaten. (9–12, 14–18 Uhr)

Die Missionen im Film

Der von Roland Joffé 1986 gedrehte Film »The Mission« mit Robert de Niro und Jeremy Irons in den Hauptrollen erzählt eine aufwühlende Geschichte rund um die Missionierung der Guaraní. Er wurde mehrfach mit Preisen ausgezeichnet und von der anglikanischen Publikation Church Times als Nr. 1 der wichtigsten Filme mit religiösem Inhalt gelistet. Zu den Drehorten zählten u.a. die Wasserfälle von Iguaçu › S. 136.

Florianópolis 7

Santa Catarinas moderne Hauptstadt ist ein (besonders bei Argentiniern) beliebter Ferienort und Ausgangspunkt für Pkw- oder Busfahrten zu den 42 Sandstränden der über zwei Brücken mit dem Festland verbundenen Ilha de Santa Catarina. An der Westseite der 1045 km² großen Insel finden Familien mehrere kindgerechte Badebuchten; an der dem Atlantik zugewandten Ostseite haben Surfer ihren Spaß mit den anbrandenden Wellen.

Ausflug zu beliebten Stränden

Die in Küstennähe verlaufende Fernstraße BR-101 führt zu den Badestränden des Festlands von Santa Catarina. Südlich von Florianópolis lohnen die (nicht nur bei Surfern) beliebten Strände von **Guarda do Embaú** und **Garopaba** (Walbeobachtung Aug.–Okt.) und die nur über eine unbefestigte Straße erreichbare **Praia da Rosa** einen Abstecher. Echt gut!

Hotels

■ **Costão do Santinho Resort**
Praia do Santinho
Tel. (048) 3261-1000
www.costao.com

Die Fachwerkhäuser in Blumenau erinnern an ihre deutschen Gründer

Großes Strandhotel mit vielseitigem Sportangebot und Animateuren für Kinder jeden Alters. ●●●

■ **Pousada Pénareia**
Praia da Armação][Florianópolis
Tel. (048) 3338-1616
www.pousadapenareia.com.br
Die Pousada ist nur durch eine Düne vom Atlantik getrennt. Kinder unter zwölf Jahren werden leider nicht aufgenommen. ●●

■ **Pousada Alemdomar**
Rua Lagoa do Perí
Preia do Armação][Florianópolis
Tel. (048) 3237-5600
www.alemdomar.com.br
Mai–Juli geschlossen
Sechs Zimmer ohne Fernseher, dafür Sauna, Jacuzzis, WLAN. Zwei Straßen trennen das in einem Wald gelegene Haus vom Meer. ●

Aktivitäten

Auf der der Ilha de Santa Catarina, an der dem Atlantik zugewandte Praia Joaquina, finden regelmäßig **Surf-Wettbewerbe** statt. In der Mitte der Insel lockt die Lagoa da Conçeicão sowohl **Angler** als auch **Kite-Surfer** (Kurse bietet **Open Winds**, **Av. das Rendeiras 1672, Tel. (048) 9962-3778, www.openwinds.com.br**).

Blumenau 8 und Pomerode 9

Ein Privatmann, Dr. Hermann Blumenau (1819–99), Pharmazeut und Chemiker aus Hasselfelde, gründete 1850 die nach ihm benannte Textilstadt am Rio Itajaí. Zwar hatte es schon zuvor in Santa Catarina Siedlungen deutscher Immigranten gegeben, aber Dr. Blumenau verstand es nicht nur, in Deutschland Auswanderungswillige für »seine« Kolonie anzuwerben, er hatte bei der finanziellen Absicherung der wachsenden Siedlung auch die notwendige Fortune. Er übertrug Blumenau der brasilianischen Regierung, blieb aber Koloniedirektor und später Bürgermeister seiner Stadt. Wie in Blumenau sprechen auch die älteren Einwohner von Pomerode bis heute noch Deutsch, mitunter auch Hunsrücker Dialekt. Das kulturelle Erbe der Kolonisten lebt in Gesangs- und Trachtenvereinen, Marsch- und Blasmusik, Speisen und Getränken weiter – ein Höhepunkt ist Blumenaus dreiwöchiges Oktoberfest, bei dem kräftig Bier fließt und Samba in Lederhosen getanzt wird.

Hotels

Plaza Blumenau

Rua Sete de Setembro 818
Blumenau][Tel. (047) 3231-7000
www.plazahoteis.com.br
Business- und Tagungshotel in zentraler Lage. Gediegene Einrichtung, 131 helle Zimmer, WLAN, Restaurant, Pool, Terrasse und Fitnesscenter. ●●

Glória

Rua Sete de Setembro 954
Blumenau][Tel. (047) 3326-1988
www.hotelgloria.com.br
105 einfache, preiswerte Zimmer, WLAN, deutschsprachige Gastgeber. Tgl. 15–20 Uhr gibt es den traditionellen Brunch »Café Colonial«. ●

Bergblick

Rua Georg Zeplin 120][Pomerode
Tel. (047) 3387-0952
www.bergblick.com.br
Hier kann man Bier und Kassler auf Deutsch bestellen. Die Chefin hat ihre Ausbildung am Tegernsee erhalten. Gäste haben die Wahl zwischen Appartements, Suiten und Bungalows. ●

Restaurant

Mundo Antigo

Rua Ribeirão Herdt 1830][Pomerode
Tel. (047) 3387-3143
www.mundoantigo.com.br
In einem Park gelegen, zu dem eine 3 km lange unbefestigte Straße führt. Acht Bungalows mit Giebeldach und Fachwerkapplikationen. Tagesgerichte vom Buffet. ●

11 *Curitiba 10

Statt Großstadthektik bestimmt Gelassenheit und das menschliche Maß Curitibas Straßenbild. Selbst der Kern der Hauptstadt von Paraná (1,83 Mio. Einwohner) wird durch zahlreiche schattige Parks und durch ruhige Grünflächen aufgelockert. Und noch etwas fällt sofort auf: Anstelle von U-Bahnen fahren ungewöhnlich lange Busse mit mehreren Gelenken durchs Zentrum – staufrei, auf eigenen Fahrspuren. Ihre Stopps sind zentimetergenau, denn jede ihrer röhrenförmig konstruierten und »Estação-Tubo« genannten Haltestellen verfügt über einen Aufzug für Rollstuhlfahrer: einzigartig in Brasilien. Eher gemächlich ziehen die **offen konstruierten Jardineira-Busse der Linha Turismo** ihre Kreise: Sie klappern von 9–17 Uhr die 25 Sehenswürdigkeiten Curitibas auf einem Rundkurs ab. An der zentral gelegenen Praça Tiradentes ist ihre End- und Anfangshaltestelle. Besonders lohnende Stopps sind der **Jardim Botânico** (tgl. 6–20 Uhr), die ***Ópera de Arame** (Di–So 8–22 Uhr) und

Echt gut!

Die Bushaltestellen in Curitiba sind röhrenförmig konstruiert

am 109 m hohen Aussichtsturm **Torre Panorâmico da Telepar** (Di–So 10–19 Uhr), in dem sich eine Touristeninformation befindet.

*Museu Oscar Niemeyer

Zu Curitibas jüngsten Sehenswürdigkeiten gehört das futuristische Museu Oscar Niemeyer, das ebenfalls zu den Stopps der Linha Turismo zählt und auf 2000 m² Industriedesign und moderne Kunst zeigt (Di–So 10 bis 18 Uhr).

*Shopping Estação

Curitibas Bahnhof wurde 1985 geschlossen. Zwölf Jahre später wurde aus dem brachliegenden Terminal ein Kultur- und Einkaufszentrum, das u.a. zehn Kinos, zwei Theater und je ein Museum zur Geschichte von Eisenbahn, Parfüm und Pharmazie birgt (tgl. 10–22 Uhr).

Hotels

■ **Pestana Curitiba**
Rua Comandante Araújo 499][Batel
Tel. (041) 3017-9900
www.pestanahotels.com
Das Luxushotels hat eine eigene Etage für Frauen, in deren Zimmern die Minibar nur Kalorienarmes beinhaltet. Sauna, Schwimmbad und Fitnesszentrum auf dem obersten Stockwerk. ●●●

■ **Ibis Centro Cívico**
Rua Mateus Leme 358
Centro Civíco
Tel. (041) 3324-0469][www.ibis.com
Preiswertes Businesshotel, unweit des Niemeyer-Museums, am Wochenende Preisnachlass. 80 funktional ausgestattete Zimmer. ●

Restaurants

■ **Durski**
Avenida Jaime Reis 254
São Francisco][Curitiba
Tel. (041) 3225-7893
www.durski.com.br
Gilt als Brasiliens beste Adresse für Spezialitäten aus der Ukraine; außer-

dem gibt es polnische und russische Gerichte. Mo geschl., So nur Mittagstisch. ●●●

■ **Devon's**

Rua Lysimaco Ferreira da Costa 460
Centro Cívico
Tel. (041) 3254-7073
www.devons.com.br
So nur Mittagstisch.
Churrascaria mit *rodízio*. Probieren Sie unbedingt die Fleischsorten *alcatra* (Hüfte), *fraldinha* (Dünnung), *maminha* (Bürgermeisterstück) und *picanha* (Tafelspitz). ●●

Ausflüge

Mit dem Sera-Verde-Express zur Küste

Der Serra-Verde-Express (Tel. (041) 3888-3488, www.serraverdeexpress.com.br) befährt eine eingleisige Strecke zwischen Curitiba und der Küste. Dabei durchquert der Zug mithilfe von 13 Tunnels und 67 Brücken das Küstengebirge Serra do Mar. täglich bis zum Ausflugsort **Morretes.** Der Zug fährt täglich um 8.15 Uhr in Curitiba (Av. Pres. Affonso Camargo 330) ab. Am Wochenende und an Feiertagen verkehrt außerdem der **klimatisierte Triebwagen »Litorina«** bis zur Hafenstadt **Paranaguá** (Abfahrt um 9 Uhr).

Echt gut!

Park Vila Velha

Bei Ponta Grossa, 84 km nordwestlich von Curitiba, liegt der staatliche Park Vila Velha an der BR-376. Eine von Wind und Wetter gemeißelte Felsenlandschaft, mit riesigen roten Sandsteinfelsen, die an Ruinen einer antiken Stadt erinnern – daher der Name: Vila Velha (alte Stadt). Der Naturpark ist ganzjährig geöffnet, Besucher werden mit Kleinbussen befördert.

12 ***Iguaçu-Wasserfälle 11

Die Wasserfälle des Rio Iguaçu nehmen das Dreiländereck zwischen Brasilien, Argentinien und Paraguay ein. Das beeindruckende Naturschauspiel der von 272 Kaskaden gebildeten Fälle wurde in Brasilien schon 1939 zum Nationalpark erklärt. Seit 1984 hat die UNESCO den 55 000 ha großen argentinischen und seit 1986 den brasilianischen Teil (185 000 ha) der Iguaçu-Fälle als Naturerbe der Menschheit unter Schutz gestellt.

Bis zu 6500 m^3 Wasser stürzen hier pro Sekunde mit Höllenlärm mehr als 70 m in die Tiefe. Wie aus einer brodelnden Waschküche steigt Gischt auf, in der das Sonnenlicht in allen Regenbogenfarben schillert. Ein wahrer Hexenkessel ist der berühmte »Teufelsrachen« (Garganta do Diabo), ein zentraler Geländeeinschnitt, über den 14 mächtige Katarakte in den augepeitschten Fluss donnern.

Aktivitäten

Per Schlauchboot kann man **die Wasserfälle hautnah erleben.**

Echt gut!

Macuco Safári
Tel. (045) 3529- 6262 und 3574-4244
www.macucosafari.com.br

Hotels

Hotel das Cataratas

Rodovia das Cataratas, km 30
Tel. (045) 2102-7000
www.hoteldascataratas.com
Nach wie vor das einzige direkt im Nationalpark, vis-à-vis der tosenden Wasserfälle gelegene Hotel – der strikte Naturschutz sorgt dafür, dass keine weiteren Unterkünfte im Schutzgebiet entstehen dürfen. Der Umwelt zuliebe müssen alle Pkws, auch die der Hotelgäste, außerhalb des Parks abgestellt werden. ●●●

Tarobá Express

Rua Tarobá, 1048 Centro
Tel. (045) 2102 7700
www.hoteltaroba.com.br
Das im profanen Zentrum von Foz Iguaçu gelegene Hotel ist eine preiswerte Alternative. Alle Zimmer des modernen Hauses haben Klimaanlage, Minibar und WLAN. Außerdem stehen Pool, Sauna, Gym zur Verfügung. ●

Ausflug nach Itaipú

Der mehr als 7750 m lange und 196 m hohe Staudamm von Itaipú (indian.: »singender Fels«) ist der auffälligste Teil des gleichnamigen Wasserkraftwerks, das vor den Toren von Foz Iguaçu mit 20 Generatoren 14 000 MW Leistung erzeugt. Im Besucherzentrum des gigantischen Kraftwerks beginnen die geführten Rundfahrten mit einer ca. 30-minütigen Filmvorführung (Tel. (045) 3520-5252, www.itaipu.gov.br, 8, 9, 9.30, 10.30, 13.30, 14, 14.30 und 15.30 Uhr; Fr, Sa 20.30 Uhr Illumination). Die Besichtigung des Kraftwerks lässt sich mit einem Besuch des argentinischen Teils des Nationalparks oder mit einer Stippvisite in Paraguay verbinden.

Abenteuerlich: Mit dem Schlauchboot zu den Wasserfällen des Rio Iguaçu

Infos von A–Z

Ärztliche Versorgung

Kostenlose Hilfe in Notfällen bieten öffentliche Krankenhäuser (*hospital*). Hotels oder Reisebüros helfen mit Adressen privat niedergelassener Ärzte und Zahnärzte weiter (Bezahlung gegen Rechnung). Apotheken (*farmácia*) verkaufen die meisten Medikamente ohne Rezeptverordnung und geben auch Spritzen. Unbedingt empfehlenswert ist der Abschluss einer privaten Reise-Zusatzversicherung, da die medizinischen Kosten in Brasilien oft höher sind als in Deutschland und zum Teil von den gesetzlichen Krankenkassen nicht übernommen werden.

Ausrüstung und Kleidung

Empfehlenswert: Moskitonetz für Feuchtgebiete. Sonnenschutz: Kopfbedeckung, luftige Hemden und Blusen sowie Sonnencreme mit hohem Lichtschutzfaktor.

Kurze Hosen u.ä. sind in der Innenstadt, in Museen und Kirchen tabu. Für Besuche des Südens im brasilianischen Winter (Juni–Sept.) Pullover einpacken! Die Bademode fällt zwar knapp aus, FKK ist jedoch meist nicht erlaubt.

Diplomatische Vertretungen

- **Deutsche Botschaft**

Av. das Nações, Qd. 807, Lote 25
Brasília
Tel. (061) 3442-7000
Fax (061) 3443-7508
www.brasilia.diplo.de
Mo–Fr 9–11 Uhr

- **Österreichische Botschaft**

Av. das Nações, Qd. 811, Lote 40
Brasília
Tel. (061) 3443-3111
Fax (061) 3443-5233
www.bmeia.gv.at/botschaft/brasilia.html
Mo–Fr 9–13 Uhr

- **Schweizer Botschaft**

Av. das Nações, Quadra 811, Lote 41
Brasília
Tel. (061) 3443-5500
Fax (061) 3443-5711
www.eda.admin.ch/brasilia
Mo–Fr 9–11.30 Uhr

Bei Reisen ins Landesinnere Brasiliens und insbesondere nach Amazonien sind Schutzimpfungen zu empfehlen

Einreise – Ausreise

Aufenthalte bis zu 90 Tagen sind für Deutsche, Schweizer und Österreicher visumfrei. Der Reisepass muss noch mindestens sechs Monate gültig sein. Bei der Einreise wird im Flugzeug ein *cartão de entrada/saída* verteilt. Bis zur Ausreise sollte die Kopie aufbewahrt werden!

Elektrizität

110 oder 220 Volt mit 60 Hertz Wechselspannung (je nach Region); DIN-Stecker passen. Vorsicht in Duschen vor blanken Anschlüssen der Heizelemente!

Geld

Vom *Real* (R $) gibt es Scheine zu 5, 10, 50 und 100 Reais. 1 R-$ = 100 *Centavos*, die in Silbermünzen zu 1, 5, 10, 25 und 50 in Umlauf sind.

Bargeld (am besten US-$) wechseln Banken und die *casas de câmbio*, Reise- und Informationsbüros sowie größere Hotels. Traveller-Schecks werden nicht überall und Kreditkarten meist nur von größeren Hotels und Geschäften akzeptiert. Geldautomaten funktionieren auch mit europäischen EC-Karten, wenn diese das Cirrus- oder Maestrozeichen tragen.

Gesundheitsvorsorge

Neben **Impfschutz** gegen Polio, Tetanus/Diphtherie und Hepatitis A empfehlen sich Gelbfieberimpfung und Malariaprophylaxe für das Hinterland der Amazonasregion (nord- und westbrasilianische Bundesstaaten). Am besten konsultieren Sie vor der Reise einen Facharzt für Tropenkrankheiten.

Nützliche Informationen gibt die Internetseite www.gesundes-reisen.de. Dort kann man auch eine kostenpflichtige, individuelle Beratung per Telefon oder per Online-Formular in Anspruch nehmen.

Die auf **Nahrungsmittel** angewandte Regel »cook it, boil it, peel it or forget it« schützt vor Durchfallerkrankungen. Vorsicht bei Eiswürfeln und Speiseeis auf der Straße! Trinkwasser sollte stets abgekocht oder in Flaschen als *agua mineral* besorgt werden. Saugwürmer, die Bilharziose übertragen, kommen in Seen und seichten Flüssen vor. Außerhalb der Strände empfehlen sich zum Schutz vor Hakenwürmern Schuhe oder Sandalen.

Informationen

Rio de Janeiro Visitors Bureau
c/o TMC
Fischtorplatz 17
55116 Mainz
Tel. 0 61 31/6 0070 75
www.rioconventionbureau.com.br
www.braziltour.com – informativ, auch in Deutsch
www.turisrio.rj.gov.br – Infos über Rio, auch auf Englisch

Notruf

(noch nicht landesweit)

- Polizei (Militär): 190
- Erste Hilfe: 192
- Feuerwehr: 193
- Polizei (zivil): 194

Öffnungszeiten

- **Geschäfte:** Mo–Fr 9–18.30 Uhr, Sa 9–13 Uhr; Mittagspause 2–3 Stunden; Shoppingcenter schließen erst um 22 Uhr und sind meist sieben Tage die Woche geöffnet.
- **Banken:** Mo–Fr 10–16 Uhr
- **Post:** Mo–Fr 9–17, Sa 8–12 Uhr
- **Museen:** teils Mo geschlossen

Post – Internet

Postämter heißen **Correios** oder **ECT** (*Empresa de Correios e Telégrafos*). Expresssendungen nach Europa dauern knapp zwei Wochen.

In jeder Stadt gibt es Internet-Cafés für den schnellen Kontakt nach Hause; in Hotels stehen Terminals oft kostenlos zur Verfügung.

Sicherheit

Die meist jungen Straßenbanditen wollen Ausländer »nur« ausnehmen. Gerät man in einen Hinterhalt, sollte man dennoch jede Gegenwehr und Provokation vermeiden und eine Art »Auslösegeld« stets griffbereit halten. Größere Summen gehören in einen Hüftgürtel unter der Kleidung, Dokumente, Schmuck und Geld in den Hotelsafe. Es wird empfohlen, sich Kopien der Flugtickets, Pässe und sonstiger wichtiger Unterlagen zu machen und diese getrennt von den Originalen aufzubewahren.

Machen Sie Spaziergänge nie ohne Begleitung! Unbelebte Seitenstraßen und Menschengruppen sollten Sie meiden! Besser ein Taxi zu viel als eins zu wenig benutzen.

Telefonieren

Das Telefonieren im Inland ist nicht gerade einfach. Da ein gutes Dutzend unterschiedlicher regionaler Gesellschaften mit dem landesweiten Anbieter **Embratel** konkurriert, muss bei innerbrasilianischen Ferngesprächen zusätzlich zur Ortsvorwahl immer ein Provider (*Prestadora*) mit ausgewählt werden. Die Nummern hängen in öffentlichen Fernsprechern aus.

Zumindest die Vorwahl der Embratel – 021 – muss man sich merken. Sie ist bei Ferngesprächen innerhalb Brasiliens vor den Ortsnetzkennzahlen (ohne führende Null) zu wählen, also z. B. für einen Anruf von Rio nach São Paulo: 021 + 11 + Teilnehmernummer, für einen Anruf in umgekehrter Richtung: 021 + 21 + Teilnehmernummer.

Anrufe aus Brasilien nach Europa müssen wie folgt ergänzt werden:

- Deutschland: 00 + 21 + 49
- Österreich: 00 + 21 + 43
- Schweiz: 00 + 21 + 41

In Brasilien funktionieren europäische GSM-(Dreiband-)Handys nicht. Sie können sich allerdings eine brasilianische Prepaid-Karte für Ihr Handy kaufen.

Trinkgeld

In Restaurants ist der Service inbegriffen, doch sollte man den Betrag aufrunden. Auch Taxifahrer, Kofferträger, Schuhputzer und hilfsbereite Straßenjungen freuen sich über einen Obolus.

Zollbestimmungen

Außer persönlicher Ausrüstung dürfen Touristen je eine Foto-, eine Videokamera und einen Computer einführen. Ausfuhr von 200 Zigaretten, 2 l Wein und 1 l hochprozentigem Alkohol frei. Die Ausfuhr folgender Waren ist streng verboten: präparierte Tierhäute, Papageienfedern, Schildkrötenpanzer, Fossilien, Antiquitäten, sakrale Kunstgegenstände, Waffen.

Urlaubskasse	
Espresso	1 €
Softdrink	0,75–2 €
Flasche Bier	1–1,70 €
Imbiss (*acarajé, vatapá, misto quente*)	0,60–0,80 €
Kugel Eis	0,75–1,20 €
Taxifahrt (Stadtverkehr pro km)	ca. 0,80 €
Mietwagen zzgl. Vers./Tag	ca. 40 € zzgl. 10 €
1 l Normalbenzin	1,30 €

Register

Bildnachweis

Alamy/Brazil Photos.com: 77; Alamy/David R. Frazier Photolibrary Inc.: 39; Alamy/Genevieve Vallee: 112; Alamy/Peter M. Wilson: 49, 57; Bildagentur Huber/Gräfenhain: 8; Embratur Brasilianisches Fremdenverkehrsamt: 108; Embratur/Christian Knepper: U2-Top12-04, U2-Top12-06, U2-Top12-07, U2-Top12-12, 2-2, 30, 34, 52, 97, 101, 137, 138; Embratur/ObritoNews: U2-Top12-03, 99; Embratur/Promotional: U2-Top12-09, 2-4, 29, 65; Embratur/Rachid Waqued: U2-Top12-10; Fotolia/lino beltrame: U2-Top12-08; Fotolia/Christophe Schmid: 71; Robin Daniel Frommer: U2-Top12-01, 10, 13, 18, 79, 111; Jo Holz: 69; Volkmar Janicke: 107; Markus Kirchgeßner: 2-3; laif/4SEE/Pereira-Sara Wong: 90; laif/Contrasto/Lalo De Almeida: U2-Top12-11, 135; laif/Gebhard: 115; laif/Hemis: U2-Top12-02; laif/hemis.fr/Bertrand Rieger: 32, 59; laif/hemis.fr/Jean Heintz: 31; laif/Le Figaro Magazine: 109; laif/Linke: 102; laif/Piepenburg: 85; laif/Polaris: 37, 91; laif/David Steets: 17; laif/Tophoven: 22, 108; LOOK-foto/age fotostock: 40, 42, 72; LOOK-foto/Per-Andre Hoffmann: 6, 80; LOOK-foto/Ingolf Pompe: U2-Top12-05, 61, 121, 125; LOOK-foto/Jürgen Richter: 117; mauritius-images/Hiroshi Higuchi: 133; mauritius-images/Chris Seba: 130; Tivoli Eco Resort: 2-1, 86; via/Andreas M. Gross: 88.

Polyglott im Internet: www.polyglott.de

Impressum

Wir freuen uns, dass Sie sich für einen Reiseführer aus dem Polyglott-Programm entschieden haben. Auch wenn alle Informationen aus zuverlässigen Quellen stammen und sorgfältig geprüft sind, lassen sich Fehler nie ganz ausschließen. Wir bitten um Verständnis, dass der Verlag dafür keine Haftung übernehmen kann. Ihre Hinweise und Anregungen sind uns wichtig und helfen uns, die Reiseführer ständig weiter zu verbessern. Bitte schreiben Sie uns:

GVG TRAVEL MEDIA GmbH, ein Unternehmen der GANSKE VERLAGSGRUPPE
Redaktion Polyglott, Harvestehuder Weg 41, 20149 Hamburg, redaktion@polyglott.de

Wir wünschen Ihnen eine gelungene Reise!

Herausgeber: GVG TRAVEL MEDIA GmbH
Redaktionsleitung: Grit Müller
Autor: Robin Daniel Frommer
Redaktion: B2 Text- und Redaktionsbüro Stuttgart / Gabriele Gaßmann; Jürgen Fischer, München
Bildredaktion: Ulrich Reißer und B2 Text- und Redaktionsbüro Stuttgart / Nena Dietz
Layout: Ute Weber, Geretsried
Titeldesign-Konzept: Studio Schübel Werbeagentur GmbH, München
Karten und Pläne: Kartographie Huber und Kartografie GVG TRAVEL MEDIA GmbH, Hamburg
Satz: B2 Text- und Redaktionsbüro Stuttgart / Nena Dietz; Schulz Bild & Text, Mainz
Druck und Bindung: Stürtz Mediendienstleistungen, Würzburg

Printed in Germany
Dieses Buch wurde auf chlorfrei gebleichtem Papier gedruckt.
ISBN 978-3-8464-0798-1

PEFC
PEFC/04-31-1404

Langenscheidt Mini-Dolmetscher Portugiesisch

Allgemeines

Guten Tag.	Bom dia. [bõ **dia**]
Hallo!	Olá! [ola]
Wie geht's?	Como está? [komu‿isch**ta**]
Danke, gut.	Tudo bem, obrigado (m.) / obrigada (w.). [**tu**du bẽj ubri**ga**du / ubri**ga**da]
Ich heiße ...	Chamo-me ... [**scha**mu‿me]
Auf Wiedersehen.	Até logo / Adeus. [a**te lo**gu / a**de**·usch]
Morgen	manhã [ma**njã**]
Nachmittag / Abend	tarde [**tar**də]
Nacht	noite [**noj**tə]
morgen	amanhã [ama**njã**]
heute	hoje [**o**schə]
gestern	ontem [**õn**tẽj]
Sprechen Sie Deutsch / Englisch?	Fala alemão / inglês? [**fa**la‿alə**mãu** / in**glesch**]
Wie bitte?	Como, desculpe? [**ko**mu diseh**kul**pə]
Ich verstehe nicht.	Não entendo. [nãu ĩn**tẽn**du]
Sagen Sie es bitte nochmals.	Se faz favor, repita. [sə **faseh** fa**wor** re**pi**ta]
Bitte, ...	Se faz favor, ... [sə **faseh** fa**wor**]
danke	obrigado (m.) / obrigada (w.) [ubri**ga**du / ubri**ga**da]
was / wer / welcher	o que / quem / qual [u ke / kẽj / kwal]
wo / wohin	onde / para onde [**õn**də / **pa**ra **õn**də]
wie / wie viel	como / quanto [**ko**mu / **kwãn**tu]
wann / wie lange	quando / quanto tempo [**kwãn**du / **kwãn**tu **tẽm**pu]
warum	porquê [pur**ke**]
Wie heißt das?	Como se diz? [**ko**mu sə **diseh**]
Wo ist ...?	Onde está / Onde fica ...? [õndə‿isch**ta** / õndə‿**fi**ka]
Können Sie mir helfen?	Podia-me ajudar? [pu**di**a‿mə aseh**u**dar]
ja	sim [sĩ]
nein	não [nãu]
Entschuldigen Sie.	Desculpe. [diseh**kul**pə]
Das macht nichts.	Não faz nada. [nãu faseh **na**da]
Gibt es hier eine Touristeninformation?	Há por aqui uma informação turística? [a pur‿**a**ki **u**ma ĩnfurma**ßãu** tu**risch**tika]

Shopping

Wie viel kostet das?	Quanto custa isto? [**kwãn**tu **kusch**ta **isch**tu]
Das ist zu teuer.	É caro demais. [e **ka**ru də**maisch**]
Das gefällt mir (nicht).	Eu (não) gosto disso. [eu (nãu) **gosch**tu **dis**su]
Wo ist hier eine Bank?	Onde há um banco? [**õn**də a ũ‿**bãn**ku]
Ich möchte 100 g Käse / zwei Kilo Orangen.	Queria cem gramas de queijo / dois kilos de laranjas. [ke**ri**a sẽj **gra**masch də **kej**sehu / dojsch **ki**lusch də la**rãn**sehasch]
Haben Sie deutsche Zeitungen?	Tem jornais alemães? [tẽj sehur**najsch** alə**mãjsch**]
Wo kann ich telefonieren?	Onde posso telefonar [**õn**də **pos**su telefu**nar**]

Essen und Trinken

Die Speisekarte bitte.	A ementa, se faz favor. [a e**mẽn**ta sə faseh fa**wor**]
Brot	pão [pãu]
Kaffee	café [ka**fe**]
Tee	chá [scha]
mit Milch / Zucker	com leite / açúcar [kõ **lei**tə / a**ßu**kar]
Orangensaft	sumo de laranja [**ßu**mu də la**rãn**seha]
Suppe	sopa [**ßo**pa]
Fisch / Meeresfrüchte	peixe / mariscos [**pei**schə / ma**risch**kusch]
Fleisch / Geflügel	carne / aves [**kar**nə / **a**wəsch]
vegetarisches Gericht	prato vegetariano [**pra**to wəsehətar**ja**nu]
Eier	ovos [**o**wusch]
Salat	salada [sa**la**da]
Dessert	sobremesa [sobrə**me**sa]
Obst	fruta [**fru**ta]
Eis	gelado [sehe**la**du]
Wein	vinho [**win**ju]
weiß / rot / rosé	branco / tinto / rosé [**brãn**ku / **tĩn**tu / ro**se**]
Bier	cerveja [ser**we**seha]
Wasser	água [**a**gwa]
Mineralwasser	água mineral [**a**gwa mine**ral**]
mit / ohne Kohlensäure	com gas / sem gas [kõ gas / ßẽj gas]
Limonade	limonada [limo**na**da]
Ich möchte bezahlen.	A conta, se faz favor. [a **kõn**ta, sə faseh fa**wor**]